Alexander Lell

Studien zum erzählerischen Schaffen Vsevolod M. Garšins

Zur Betrachtung des Unrechts in seinen Werken
aus der Willensperspektive Arthur Schopenhauers

Literatur und Kultur im mittleren und östlichen Europa

herausgegeben von Reinhard Ibler

ISSN 2195-1497

10 *Victoria Oldenburger*
   Keine Menschen, sondern ganz besondere Wesen ...
   Die Frau als Objekt unkonventioneller Faszination in Ivan A. Bunins Erzählband
   Temnye allei (1937–1949)
   ISBN 978-3-8382-0777-3

11 *Andrea Meyer-Fraatz, Thomas Schmidt (Hg.)*
   „Ich kann es nicht fassen,
   dass dies Menschen möglich ist"
   Zur Rolle des Emotionalen in der polnischen Literatur
   über den Holocaust
   ISBN 978-3-8382-0859-6

12 *Julia Friedmann*
   Von der Gorbimanie zur Putinphobie?
   Ursachen und Folgen medialer Politisierung
   ISBN 978-3-8382-0936-4

13 *Reinhard Ibler (Hg.)*
   Der Holocaust in den mitteleuropäischen Literaturen und Kulturen:
   Probleme der Politisierung und Ästhetisierung
   The Holocaust in the Central European Literatures and Cultures:
   Problems of Poetization and Aestheticization
   ISBN 978-3-8382-0952-4

14 *Alexander Lell*
   Studien zum erzählerischen Schaffen Vsevolod M. Garšins
   Zur Betrachtung des Unrechts in seinen Werken aus der Willensperspektive
   Arthur Schopenhauers
   ISBN 978-3-8382-1042-1

Alexander Lell

Studien zum erzählerischen Schaffen Vsevolod M. Garšins

Zur Betrachtung des Unrechts in seinen Werken aus der Willensperspektive Arthur Schopenhauers

ibidem-Verlag
Stuttgart

Bibliografische Information der Deutschen Nationalbibliothek
Die Deutsche Nationalbibliothek verzeichnet diese Publikation in der Deutschen Nationalbibliografie; detaillierte bibliografische Daten sind im Internet über http://dnb.d-nb.de abrufbar.

Bibliographic information published by the Deutsche Nationalbibliothek
Die Deutsche Nationalbibliothek lists this publication in the Deutsche Nationalbibliografie; detailed bibliographic data are available in the Internet at http://dnb.d-nb.de.

∞

Gedruckt auf alterungsbeständigem, säurefreien Papier
Printed on acid-free paper

ISSN: 2195-1497

ISBN-13: 978-3-8382-1042-1

© *ibidem*-Verlag
Stuttgart 2016

Alle Rechte vorbehalten

Das Werk einschließlich aller seiner Teile ist urheberrechtlich geschützt. Jede Verwertung außerhalb der engen Grenzen des Urheberrechtsgesetzes ist ohne Zustimmung des Verlages unzulässig und strafbar. Dies gilt insbesondere für Vervielfältigungen, Übersetzungen, Mikroverfilmungen und elektronische Speicherformen sowie die Einspeicherung und Verarbeitung in elektronischen Systemen.

All rights reserved. No part of this publication may be reproduced, stored in or introduced into a retrieval system, or transmitted, in any form, or by any means (electronic, mechanical, photocopying, recording or otherwise) without the prior written permission of the publisher. Any person who does any unauthorized act in relation to this publication may be liable to criminal prosecution and civil claims for damages.

Printed in the EU

Die vorliegende Untersuchung ist aus der im Wintersemester 2015/16 an der Universität Gießen zur Erlangung des akademischen Grades Master of Arts (M.A.) im Studiengang: Interdisziplinäre Studien zum Östlichen Europa vorgelegten Masterarbeit hervorgegangen. Mein Dank gilt Herrn Professor Dr. Reinhard Ibler für die Betreuung und für die Aufnahme der Arbeit in die Reihe »Literatur und Kultur im mittleren und östlichen Europa«. Ebenso danke ich meinen Eltern, ohne deren Unterstützung und Vertrauen diese Arbeit niemals in Erscheinung getreten wäre. Ein besonderer Dank gebührt an dieser Stelle außerdem Yeonjin Cho, die mich durch den gesamten Schaffensprozess begleitet hat.

Linden, September 2016   Alexander Lell

Inhaltsverzeichnis

1. Einleitende Bemerkungen.. 9
    1.1 Methode.. 11
    1.2 Relevanz der vorliegenden Untersuchung...................................13
    1.3 Vereinzeltes zum Forschungsstand...15
I. Arthur Schopenhauer und Vsevolod M. Garšin...............................19
2. Über die gemeinsame Wurzel der Philosophie und der Dichtung...............19
    2.1 Der philosophische Wert Arthur Schopenhauers........................22
    2.2 Der dichterische Wert Vsevolod M. Garšins..............................24
    2.3 Über die Vereinigung derselben in der vorliegenden Arbeit......24
II. Philosophische Abhandlung.. 27
3. Das Hauptwerk – *Die Welt als Wille und Vorstellung*.........................27
    3.1 Arthur Schopenhauer – *Über die vierfache Wurzel des Satzes vom*
        zureichenden Grunde...28
    3.2 Die Welt als Vorstellung..31
    3.3 Die Welt als Wille.. 33
    3.4 Die platonische Idee in der Kunst...38
4. Ethische Abhandlung.. 45
    4.1 Gesetz der Motivation..45
    4.2 Die Haupttriebfedern des Menschen..49
        4.2.1 Egoismus und Bosheit...49
        4.2.2 Mitleid... 53
    4.3 Unrecht..56
III. Philosophisch-literarische Abhandlung...59

5. Die Selbstentzweiung des Willens als Wurzel der Ungerechtigkeit und Widersprüchlichkeit des Krieges – *Четыре дня* (1877) 59

6. (Selbst)Mord als Resultat des übersteigerten Willens zum Leben im einzelnen Individuum – *Происшествие* (1878) und *Надежда Николаевна* (1885) 67

7. Vergeltung des Bösen mit Bösem – *Сигнал* (1887) 73

8. Das Unrecht als Motiv in der bildenden Kunst – *Художники* (1879) 79

9. Die Selbsterkenntnis des egoistischen Willens oder die Aufhebung des *principium individuationis* – *Ночь* (1880) und *Красный цветок* (1883) 87

10. Aufhebung der Ungerechtigkeit durch die Verneinung des Willens zum Leben – *Сказание о гордом Аггее* (1886) 99

11. Die Frage nach der Ungerechtigkeit des Daseins im Allgemeinen – *Attalea princeps* (1879) 103

12. Schlussbemerkungen 109

IV. Literaturverzeichnis 115

    13. Primärliteratur 115

    13.1 Sekundärliteratur 116

    13.2 Online-Quellen 118

Die Welt liegt im Argen, die Menschen sind
nicht, wie sie seyn sollten; aber laß es Dich nicht
irren und sei Du besser.[1]
[Arthur Schopenhauer]

1. Einleitende Bemerkungen

Diese der vorliegenden Arbeit vorangestellte so mächtige Anempfehlung Arthur Schopenhauers beinhaltet eine Problematik, welche – allen staatlichen Einrichtungen und wissenschaftlichen Erkenntnissen zum Trotz – einen eben so mächtigen Schatten auf das menschliche Dasein wirft – das Unrecht. Die ersten erwähnenswerten Betrachtungen über das Wesen desselben und sein Verhältnis zum Gerechten wurden bereits von Platon[2] und Aristoteles[3] vorgenommen. Den beiden ungleichen Köpfen der Antike folgten unzählige weitere Ethiken, denen entweder der Eudämonismus (Platon und Aristoteles) oder ein theologisches Fundament (Immanuel Kant) zugrunde liegt. Arthur Schopenhauer – der sich selbst als Schüler Platons und Kants bezeichnete – schlug mit dem subjektivistischen Idealismus einen ganz eigenen Weg ein, indem er eine Mitleidsethik aufstellt, die sich vor allem eines metaphysischen Fundaments bedient – des Willens. Neben diesen philosophischen Betrachtungen des Unrechts *in abstracto* setzten sich auch viele Dichter mit ethischen Fragen auseinander, ohne dabei einen Anspruch auf Vollständigkeit – denn dies lässt die fiktionale Literatur nicht zu – zu erheben. Diese uns im fiktiven Gewand er-

---

1 Zit. nach: Schopenhauer, Arthur: Über die Freiheit des menschlichen Willens. Über die Grundlage der Moral. Kleinere Schriften II. Bd. VI. Zürich 1977, S. 233.
2 Platon: Der Staat. (Die Übersetzung folgt der Ausg. Platons Staat. Aus dem Griech. von Otto Apelt. 5. Aufl. Leipzig 1920. Der philosophischen Bibliothek Bd. 80), Köln 2010.
3 Aristoteles: Nikomachische Ethik. (Die Übersetzung folgt der Ausg. Aristoteles' Nikomachische Ethik. Aus dem Griech. von Dr. theol. Eug. Rolfes. Leipzig 1911), Köln 2009.

Kapitel 1

scheinenden ethischen Standpunkte sind zwar zahlreich in der Literatur vertreten, doch muss der subtilen Tiefgründigkeit – und gerade dies geht den meisten Werken ab; denn sie gehen in die Breite – immer ein Vorzug eingeräumt werden. Diesen ethischen Tiefgang in der Literatur finden wir beispielsweise bei Goethe wieder, wenn er in *Wilhelm Meisters Lehrjahre* sagt: „Niemand weiß, was er tut, wenn er recht handelt; aber des Unrechten sind wir uns immer bewußt."[4] Dass die Werke Goethes einen nur schwer zu erreichenden Tiefgang besitzen; dies ist ein Faktum, doch lässt sich dies auch von den Werken des russischen Schriftstellers Vsevolod M. Garšin (1855-1888) behaupten? Stender-Petersen äußert sich in seiner *Geschichte der russischen Literatur* folgendermaßen: „Garšin wählte gern Stoffe, die ihm Gelegenheit gaben, Menschen in seelischer Not zu schildern. Es gelang ihm, in jeden menschlichen Schmerz einzudringen und ihn mit einfachen und erlesenen Mitteln zu vergegenwärtigen."[5] Diese überaus treffliche Charakterisierung macht deutlich, dass Garšins literarische Werke das Potential besitzen, uns eine Problematik vor Augen zu führen, die sich – und zwar allen optimistischen Denkweisen zum Trotz – jeder staatlichen und moralischen Einschränkung widersetzt – das Unrecht. Eine Empfänglichkeit für dasselbe – denn genau diese Fähigkeit weist Stender-Petersen Garšin zu – setzt eine zutiefst melancholische Sichtweise voraus; denn nur dann eröffnet sich dem Betrachter eine Welt, in der ein empfundenes Unrecht, welches dem einzelnen Individuum widerfährt, jedes vorhandene Recht aufheben lässt. Dem Unrecht ist die Unmittelbarkeit gewiss, wohingegen das Recht nur dann vom Individuum wahrgenommen wird, wenn es abhanden gekommen ist – also dem Unrecht weichen muss. Genau dies hat auch

---
4 Zit. nach: Goethe, Johann Wolfgang v.: Wilhelm Meisters Lehrjahre. Husum 2011, S. 408.
5 Zit. nach: Stender-Petersen, Adolf: Geschichte der russischen Literatur. 5. Aufl. München 1993, S. 445.

Voltaire zur folgenden Frage veranlasst: „Wenn dies hier die beste aller möglichen Welten ist, wie mögen dann erst die anderen sein?"[6] Da uns fremde Welten nicht zugänglich sind, richten wir unseren Fokus in der vorliegenden Arbeit auf die uns bekannte Welt; denn diese liefert uns genug Stoff. Mit der Betrachtung des Unrechts in den Werken Vsevolod M. Garšins aus der Willensperspektive Arthur Schopenhauers soll ein durchaus pessimistischer Weg bestritten werden, der Philosophie und Dichtung vereint; denn nur dann erhalten wir ein vollständiges Bild vom Unrecht.

1.1 Methode

Wenn sich die vorliegende Arbeit das Ziel gesetzt hat, das Unrecht in den Werken Vsevolod M. Garšins zu betrachten, dann lässt sich dies nur durch die Heranziehung der Philosophie bewerkstelligen; denn nur diese Wissenschaft (wenn sie überhaupt als eine zu bezeichnen ist) hat sich zur Aufgabe gemacht, das Wesen dieser Welt – und damit auch das Unrecht als Teil desselben – *in abstracto* zu ergründen. Demnach betrachte ich die Philosophie als ein Instrumentarium, welches mir die Mittel an die Hand gibt, um das Unrecht – diese spezifisch menschliche Problematik – nicht nur zu betrachten, sondern auch zu erklären. Dies soll auf theoretischer Ebene (Philosophie) und auf praktischer Ebene (Literatur) vollzogen werden. An die theoretische Betrachtung des Unrechts im philosophischen Teil knüpft der literarische Teil an, um die theoretische Argumentation entweder zu bestätigen oder auch nicht. Nur in der Vereinigung des Allgemeinen (Philosophie) mit dem Einzelnen, welches die Literatur betrachtet, lässt sich dem Unrecht näher kommen. Eine adäquate

---
6 Zit. nach: Voltaire: Candide oder der Optimismus. 2. Aufl. Wiesbaden 2014, S. 29.

Kapitel 1

Betrachtung dieser Problematik bedarf allerdings einer ebensolchen adäquaten Ausweitung der Perspektive, welche sich dem Unrecht nicht nur aus der ethischen Perspektive nähert, sondern dieselbe (Ethik) nach dessen Fundament befragt. Die Beschaffenheit desselben kann dabei nur von metaphysischer Art[7] sein, da sie nicht nur das Handeln als solches, sondern gerade den Handelnden und seinen innersten Kern zum Gegenstand hat. Dieser innerste Kern des Menschen bleibt den empirischen Wissenschaft verborgen, da sie weder die Mittel noch das Vorgehen kennt, um sich demselben zu nähern. Wenn an dieser Stelle von einem metaphysischen Fundament als Ausgangspunkt für alle weiteren Betrachtungen gesprochen wird, dann beziehe ich mich in der vorliegenden Arbeit ausschließlich auf Schopenhauers metaphysisches System, an dessen Methodik in der vorliegenden Arbeit angeknüpft werden soll; dies heißt: 1) Metaphysik, 2) Ethik, 3) empirische Realität. Ein solches Vorgehen schließt allerdings alle anderen metaphysischen und ethischen Systeme aus; denn es kann – um sich Schopenhauers Denkweise an dieser Stelle zu bedienen – nur eine Wahrheit geben, demnach auch nur ein System, welches uns die Problematik des Unrechts vor Augen führt. Daraus folgt, dass der allgemeinen Metaphysik (Resultat des Nachdenkens) vor allem ein System diametral gegenübersteht – die Religion (Resultat der Überzeugung). Eine Vermischung beider Metaphysiken – wie dies gerade bei der wissenschaftlichen Betrachtung der Werke Garšins in der Vergangenheit geschehen ist[8] – führt nicht zur Vermischung von zwei unterschiedlichen Lehren, sondern – und gerade liegt

---

7 Eine einführende und in hohem Maße verständliche Definition über das Wesen derselben liefert uns Schopenhauer in seinen Ergänzungen zu dem Hauptwerk *Die Welt als Wille und Vorstellung*. Siehe dazu: Schopenhauer, Arthur: Die Welt als Wille und Vorstellung II. Erster Teilband. Bd. III. Zürich 1977., S. 186-223.
8 Siehe dazu: Lempa, Stephanie: Vsevolod Michajlovič Garšin (1855-1888). Leben und Werk im Kontext philosophischer und religiöser Strömungen in Rußland. Frankfurt am Main 2003.

hierin das große Problem – einer Vermischung von Begrifflichkeiten. Der redliche Forscher verleiht seiner Betrachtung entweder ein metaphysisches Fundament oder ein theologisches – tritt beides in einem Werk auf, so liegt diesem von vornherein ein Widerspruch zugrunde, der sich auf die ganze Arbeit ausbreitet. Wenn Garšin in seinen einzelnen Werken Philosophie und Religion nebeneinander stellt, dann macht er vor allem von seiner Freiheit als Dichter Gebrauch, unterschiedliche – auch gegensätzliche – Anschauungen miteinander zu verknüpfen, um die dualistischen Positionen (die womöglich auch Garšin selbst in sich vereint) seiner Protagonisten hervorzuheben. Wenn dieser Dualismus – worunter ich vor allem die Vermischung von zwei Lehren verstehe – in einer wissenschaftlichen Arbeit fortgesetzt wird, oder gar als Fundament für dieselbe fungiert, dann führt dies keinesfalls zur angestrebten Klarheit; denn – um die rationelle Theologie an dieser Stelle zu entwerten – Gott ist ein X, eine unbekannte Größe, mit dem wir uns vom Bekannteren entfernen, d.h. dem Unrecht. Wenn ich in der vorliegenden Arbeit von einer metaphysischen Grundannahme ausgehe, dann liegt diesem Vorgehen bereits ein gewisser Tiefgang in der Betrachtung zugrunde, welches mir erlaubt, jeglichen Bezug zu historischen Ereignissen zu vernachlässigen; will sich doch gerade die Metaphysik von allem Zeitlichen lösen und vor allem das betrachten, was nicht der Vergänglichkeit unterliegt.

1.2 Relevanz der vorliegenden Untersuchung

Diese ist überaus hoch; denn allen ethischen Schriften und allen staatlichen Rechtsordnungen in Zeit und Raum zum Trotz, ist das Unrecht weiterhin existent. Dieser Umstand zeigt, dass die Problematik des Unrechts nur durch

Kapitel 1

eine tiefe Betrachtung des Protagonisten – also des Menschen selbst – zu lösen ist. Die Lösung selbst bezieht sich ausschließlich auf die vorliegende Arbeit und Garšins Werke; denn das Unrecht als solches ist dem Menschen so inhärent, wie sein Wille zum Leben, also ein durchaus unlösbares Problem, welches eine über die Forderung hinausgehende und nicht zu erfüllende Leistung darstellt. Eine vertiefte Darstellung des Menschen in der Literatur setzt zunächst einmal eine ebensolche vertiefte Betrachtung des Menschen voraus; dies kann nur der Schriftsteller leisten, der eine besondere Empfänglichkeit für das menschliche Leid hat. Dass gerade Garšin für das menschliche Elend und Leid empfänglich war; dies geht nicht nur aus seinen Werken hervor (wie noch nachzuweisen ist), sondern auch und vor allem aus den persönlichen Briefen, die Garšin in regelmäßigen Abständen an Freunde und Familienmitglieder schrieb. Dies sei allerdings an dieser Stelle nur beiläufig erwähnt; denn die vorliegende Arbeit verzichtet auf Erzeugnisse mit biographischem Inhalt, um Aussagen zu belegen oder zu entkräften; sollen doch vor allem die literarischen Werke zu Wort kommen; denn liegt diesen oftmals viel mehr intuitive Einsicht zugrunde, dessen Inhalt der Autor selbst *in abstracto* nicht ohne weiteres wiedergeben kann. Nachdem ich dies vorausgeschickt habe, möchte ich an dieser Stelle noch eine Problematik in den Raum werfen, die – meiner Meinung nach – zu häufig zum Anlass genommen wird, um Garšins kleines Gesamtwerk zu entwerten: sein melancholischer Charakter und der Selbstmord. Abgesehen davon, dass erst durch die melancholische Neigung eine tiefe Einsicht in die Beschaffenheit der Welt und seiner Hauptprotagonisten (den Menschen) ermöglicht wird, gehört dies bereits zur Person Garšin und nicht zu den Werken, die – trotz subjektiver Färbung – für sich stehen, d.h. universell, von Zeit und Raum losgelöst. Sollte mir zu zeigen gelingen, dass Garšins Werke vor allem das menschliche Leid zum Inhalt haben, welches ich unter dem Begriff „Unrecht" zusammenfasse, dann setzt dies – wie bereits erwähnt – eine tiefe und vor allem intuitive Erkenntnis des Menschen voraus, die vor allem mehr Objektivität als Subjektivität in der Darstellung erfordert.

1.3 Vereinzeltes zum Forschungsstand

Die bisherige Forschungsliteratur, die sich mit den Werken Garšins auseinandergesetzt hat, lässt sich zunächst einmal in drei Gruppen einteilen, denen – trotz der hier vorgenommen Einteilung – ein gemeinsamer Standpunkt zugrunde liegt, auf welchen am Ende dieses Kapitels näher eingegangen wird. In die erste Gruppe lassen sich diejenigen Untersuchungen einordnen, welche sich vor allem mit der Person Garšin auseinandersetzen. In erster Linie wäre an dieser Stelle die deutschsprachige Untersuchung von Ellinor Zelm *Studien über Vsevolod Garšin* (1935) zu nennen. Zu der zweiten Gruppe gehört die sowjetische Forschungsliteratur, die – und dies ist bei Garšin durchaus angebracht – einen sozialpolitischen Ausgangspunkt wählt, um dessen Werke zu betrachten. Trotz der einschränkenden Perspektive, welche die sowjetischen Literaturkritiker – ob nun freiwillig oder unfreiwillig – in ihren Untersuchungen einnehmen, lässt sich nicht leugnen, dass die wesentlichen sozialen Komponenten, die immer wieder in den Werken Garšins zum Vorschein kommen, von denselben ausführlich herausgearbeitet wurden. An dieser Stelle sei vor allem G. A. Bjalyjs *V. M. Garšin. Kritiko-biografičeskij očerk* (1955) zu erwähnen, dessen Aussagen – wie dies noch gezeigt wird – sich mit denen in der vorliegenden Arbeit aufgestellten durchaus übereinstimmen. Zu der dritten Gruppe gehören vor allem diejenigen wissenschaftlichen Untersuchungen, die

Kapitel 1

Garšins Werke aus spezifischen Einzelperspektiven beleuchten. An dieser Stelle seien vor allem die folgenden Arbeiten zu erwähnen: Lennart Stenborg *Die Zeit als strukturelles Element im literarischen Werk (mit Illustrationen aus der Novellistik V. M. Garšins)* (1975), Luise Schön *Die dichterische Symbolik V. M. Garšins* (1978), Stephanie Lempa *Vsevolod Michajlovič Garšin (1855-1888). Leben und Werk im Kontext philosophischer und religiöser Strömungen in Rußland* (2003). Die Arbeit von Joachim T. Baer *Arthur Schopenhauer und die russische Literatur des späten 19. und frühen 20. Jahrhunderts* (1980) enthält eine dem Umfang nach knappe, aber durchaus kompetente Untersuchung, in der einige ausgewählte Werke Garšins mit der Philosophie Schopenhauers in Verbindung gebracht werden. Im Gegensatz zu Ivan S. Turgenev, der sich bekanntermaßen mit Schopenhauers Philosophie auseinandergesetzt hat,[9] besteht – in Anbetracht der bisherigen Ergebnisse – zwischen Garšin und Schopenhauer keine direkte Verbindung. Baers vermutet, dass eine indirekte Verbindung – also entweder durch Turgenevs Aussagen über Schopenhauer selbst oder durch seine literarischen Werke – am wahrscheinlichsten sei.[10] In Anbetracht der Korrespondenz, die zwischen Turgenev und Garšin stattfand, ist diese Vermutung durchaus berechtigt. Ohne dies an dieser Stelle weiter zu vertiefen, sei vor allem darauf hingewiesen, dass die vorliegende Arbeit zu Baers Untersuchung eine zweifache Beziehung hat, welche uns zu dem eingangs erwähnten gemeinsamen Standpunkt führt, der allen Arbeiten (Baers Arbeit ausgenommen) über Garšin zugrunde liegt: jedes einzelne Schicksal, jedes Beispiel, welches Garšin uns in seinen Werken vor Augen führt, wird in der Forschungsliteratur als ein ebensolches aufgefasst, ohne vom Einzelnen zum

---

9 Siehe dazu: MacLaughlin, Sigrid: Schopenhauer in Russland. Zur literarischen Rezeption bei Turgenev. (= Opera Slavica, Bd. 3), Wiesbaden 1984.
10 Siehe dazu: Baer, Joachim T.: Arthur Schopenhauer und die russische Literatur des späten 19. und frühen 20. Jahrhunderts. München 1980, S. 48.

Allgemeinen zu schreiten. Dieser Übergang ist aber notwendig; denn das individuelle Schicksal in der Literatur beinhaltet etwas Allgemeines, welches allen Individuen zugrunde liegt. Dass dies notwendig ist, erkennt Baer in seiner Arbeit an, indem er beide – den Schriftsteller Garšin und den Philosophen Schopenhauer – gegenüberstellt. Wir wollen den Grundstein, den Baer in seiner Arbeit gelegt hat, aufgreifen, indem auch wir – Schopenhauers Philosophie benutzend – einen Schriftsteller betrachten, der uns einen – wie wir hoffen – tiefen Einblick in das menschliche Sein verschafft und damit Baers überschaubaren Ansatz durch eine ethische Perspektive erweitern.

I. Arthur Schopenhauer und Vsevolod M. Garšin

2. Über die gemeinsame Wurzel der Philosophie und der Dichtung

Der Begriff „Philosophie" leitet sich vom griechischen φιλοσοφία (philosophia) ab und bedeutet wörtlich übersetzt „Lebensweisheit" bzw. „Liebe zur Weisheit".[11] Die Suche nach dieser Weisheit sollte der Anspruch jeder echten Philosophie und jedes echten Philosophen sein, ungeachtet der Hindernisse, die das Leben im Großen und Kleinen bereithält. Es mag paradox klingen, wenn wir an dieser Stelle die Behauptung aufstellen, dass der Mensch die Liebe zur Weisheit und das Element der Beschränktheit zugleich in sich vereint. Eine Bestätigung des Besagten liefert uns bereits Platon in seiner *Apologie des Sokrates*, indem der platonische Sokrates die Grenzen seiner eigenen Weisheit einsieht: „Denn das bin ich mir doch bewußt, daß ich weder viel noch wenig weise bin."[12] Dies ist der Ausgangspunkt aller echten Weisheit; die Erkenntnis der eigenen Unwissenheit und Beschränktheit des menschlichen Intellekts, solange er im Dienste des eigenen oder des fremden Willens steht. Mit der Befreiung des Intellekts vom Willen, ist für Schopenhauer ein Zustand der reinen und willenlosen Erkenntnis eingetreten, der sich ausschließlich der Wahrheit verpflichtet. Mit der echten Dichtung verhält es sich im Grunde ganz ähnlich; so ist aus dem Deutschen Wörterbuch (DWB) folgende Definition zu entnehmen: „im Allgemeinen die Erhebung der Wirklichkeit in die höhere

---

11 „Philosophie". In: http://woerterbuchnetz.de/DWB/?
sigle=DWB&mode=Vernetzung&lemid=GP04674 [Stand: 15.09.2015].
12 Zit. nach: Platon: Die großen Dialoge. Erw. Neuausg. (Die Übersetzung folgt der Ausg. Platons sämtliche Werke in zwei Bänden. 1.Bd. von Friedrich Schleiermacher, Wien 1925), Köln 2013, S. 11.

Kapitel 2

Wahrheit, in ein geistiges Dasein."[13] Die Fähigkeit zur Erkenntnis einer höheren Wahrheit setzt auch im Dichter eine uneingeschränkte Weisheitsliebe voraus, die – wie eben erwähnt – nur durch die Befreiung des Intellekts zu erreichen ist. Demnach lässt sich jeder reinen Dichtung, welche uns im fiktiven Gewand erscheint, eine höhere Wahrheit bescheinigen, die der eben erwähnten philosophischen Weisheitsliebe entspricht. Auf die Verbundenheit der beiden Begriffe deutete bereits Johann Wolfgang von Goethe hin, indem er für seine autobiographische Schrift den Titel *Aus meinem Leben. Dichtung und Wahrheit* wählte. Das vorhin besagte findet seine Bestätigung in der folgenden Äußerung Goethes:

> Es sind lauter Resultate meines Lebens [...] und die erzählten einzelnen Fakta dienen bloß, um eine allgemeine Beobachtung, eine höhere Wahrheit zu bestätigen. [...] Ich dächte, [...] es steckten darin einige Symbole des Menschenlebens. Ich nannte das Buch ›Wahrheit und Dichtung‹, weil es sich durch höhere Tendenzen aus der Region einer niedern Realität erhebt.[14]

Worin unterscheidet sich nun der Historiker, dem wir ja ebenfalls einen gewissen Wahrheitsanspruch bescheinigen, von dem Dichter und dem Philosophen? War doch bereits für Aristoteles die ‚Dichtung etwas Philosophischeres und Ernsthafteres als [die, d. Verf.] Geschichtsschreibung,'[15] mit der Begründung, ‚die Dichtung teilt mehr das Allgemeine, die Geschichtsschreibung hingegen das Besondere mit.'[16] Indem nun der Historiker das Besondere – welches mit dem Einzelnen in einem bestimmten Raum und zu

---

13 „Dichtung". In: http://woerterbuchnetz.de/DWB/?
sigle=DWB&mode=Vernetzung&lemid=GD01920 [Stand: 15.09.2015].
14 Zit. nach: Eckermann, Johann Peter: Gespräche mit Goethe in den letzten Jahren seines Lebens. Frankfurt am Main 1981. In: http://gutenberg.spiegel.de/buch/-1912/201 [Stand: 11.10.2015].
15 Zit. nach: Petersen, Jürgen H.: Fiktionalität und Ästhetik. Eine Philosophie der Dichtung. Berlin 1996, S. 72.
16 Zit. nach: Ebd.

einer bestimmten Zeit gleichzusetzen ist – erfasst, fehlt ihm der Bezug zum Allgemeinen, mit dessen Hilfe er das Besondere mit dem Allgemeinen in Einklang bringen kann. Diesbezüglich ist er der Zufälligkeit der Begebenheiten, welches der Charakter der Geschichte ist, verfallen; ihm verbleibt deshalb nur die Beschreibung derartiger Zufälligkeiten. Dagegen sieht der Philosoph und der Dichter in dem Besonderen das Allgemeine, welches weder einer räumlichen noch einer zeitlichen Beschränkung unterliegt; diesbezüglich betrachten beide das Unvergängliche, welchem wir an dieser Stelle eine höhere Wahrheit bescheinigen, als dem Zufälligen in Raum und Zeit, welches der Historiker betrachtet. Zur weiteren Bestätigung des Gesagten sei noch Schopenhauers Sichtweise über die Geschichte angeführt, welche der aristotelischen nicht zu widersprechen scheint:

> Der Stoff der Geschichte [...] ist das Einzelne in seiner Einzelheit und Zufälligkeit, was Ein Mal ist und dann auf immer nicht mehr ist, die vorübergehenden Verflechtungen einer wie Wolken im Winde beweglichen Menschenwelt, welche oft durch den geringfügigsten Zufall ganz umgestaltet werden.[17]

Die historischen Geschehnisse mögen ihre Daseinsberechtigung haben; für die vorliegende Arbeit scheinen sie unfruchtbar zu sein; denn aus ihnen geht nicht das eigentliche Wesen des Menschen hervor, sondern nur die Vergänglichkeit der Ereignisse und das Bestreben einzelner. Diesbezüglich bescheinigt Schopenhauer lediglich dem Philosophen und dem Künstler – zu welchem der Dichter zählt – die Fähigkeit, das Problem des Daseins zu lösen.[18] Die gemeinsame Wurzel der Philosophie und der Dichtung liegt demgemäß nicht in der Ausführung – welche sehr unterschiedlich sein kann – sondern in der

---

17 Zit. nach: Schopenhauer, Arthur: Die Welt als Wille und Vorstellung II. Zweiter Teilband. Bd. IV. Zürich 1977., S. 520.
18 Ebd., S. 479.

Kapitel 2

Ausgangsfrage, welche jedem echten künstlerischen Prozess zugrunde liegt; es ist die Frage: „Was ist das Leben?"[19], die beide auf ihre eigene Art und Weise beantworten.

2.1 Der philosophische Wert Arthur Schopenhauers

Die Bedeutung der Philosophie Schopenhauers kann an dieser Stelle nur angedeutet werden, und muss – wenn eine vollkommene Bereitschaft vorhanden ist – von jedem einzelnen selbst erfasst werden; dies heißt: das Lesen der Originalwerke. Der Unterschied zwischen Verstand und Vernunft, die metaphysische Bedeutung des Willens und sein Verhältnis zu den Erscheinungen (Menschen), die platonischen Ideen und die Verneinung des Willens; dies alles kann in der vorliegenden Arbeit nur ansatzweise und keinesfalls vollständig behandelt werden. Zum einen ist dies nicht der rechte Ort, um Arthur Schopenhauers Philosophie ausführlich und lückenlos darzulegen, zum anderen stehen die literarischen Werke des Vsevolod M. Garšin im Vordergrund, daher die Philosophie Arthurs Schopenhauers uns zwar ein stabiles Fundament liefert; doch müssen die Erkenntnisse, welche dem Fundament zugrunde liegen, der Literatur einen Beitrag liefern – also vor allem die einzelnen Szenen des Lebens erhellen. Einen erhellenden Beitrag kann aber nur diejenige Philosophie liefern, die ihre Betrachtung dort ansetzt, wo dieselbe ihren Anfang nimmt – beim Menschen. Hierin drückt sich die Stärke der Schopenhauerschen Philosophie aus; denn, so Schopenhauer:

> Der philosophische Schriftsteller ist der Führer und sein Leser der Wanderer. Sollen sie zusammen ankommen, so müssen sie, vor allen Dingen, zusammen ausgehn: d.h. der

19 Zit. nach: Ebd.

Über die gemeinsame Wurzel der Philosophie und der Dichtung

Autor muß seinen Leser aufnehmen auf einem Standpunkt, den sie sicherlich gemein haben: dies aber kann kein anderer seyn, als der des uns Allen gemeinsamen, empirischen Bewußtseyns.[20]

Wenn der eigentliche philosophische Wert Arthur Schopenhauers sich an dieser Stelle nur unvollständig wiedergeben lässt, so muss doch die Bedeutsamkeit seines metaphysischen Willens für die Ästhetik – und hier insbesondere für die Literatur als Teil derselben – umso deutlicher hervorgehoben werden. Diese erhält – eben weil sie den Menschen zum Gegenstand hat[21] – eine vollkommen neue Bedeutung, da die jeweiligen Gattungen innerhalb der Literatur ein metaphysisches Fundament erhalten; das heißt: die Literatur unterliegt keinen zeitlichen und räumlichen Einschränkungen mehr; ihr wird die Fähigkeit bescheinigt, das zu betrachten, was immer war, ist und sein wird, und zwar dort, wo eine mehr oder weniger vom Willen befreite Anschauung (des Schriftsteller) stattfindet. Die Lyrik bildet dabei das untere Ende einer derartigen Betrachtung; denn dieser liegt eine mehr subjektive Auffassung der Welt zugrunde. Den Gipfel innerhalb der Literatur erklimmt die Tragödie, da sie – und dies ist für Schopenhauer besonders relevant – das menschliche Leid darstellt, die mehr Objektivität vom Betrachter verlangt. Hierin – also in der Verschmelzung von Metaphysik und Literatur – liegt der große Wert der Philosophie Schopenhauers.

---

20 Zit. nach: Schopenhauer, Arthur: Parerga und Paralipomena II. Erster Teilband. Bd. IX. Zürich 1977, S. 12f.
21 An dieser Stelle sei darauf hingewiesen, dass die Literatur – auch wenn sie ihre Perspektive auf die Natur richtet – immer als solches an den Menschen gebunden ist; denn er ist derjenige, der Literatur schafft und der vom Menschen befreiten Naturbetrachtung liegt immer eine menschliche Perspektive zugrunde. Diese Problematik drückt Schopenhauer aus, wenn er sagt: „Die Welt ist meine Vorstellung." Siehe dazu: Schopenhauer, Arthur: Die Welt als Wille und Vorstellung I. Erster Teilband. Bd. I. Zürich 1977, S. 29.

Kapitel 2

2.2 Der dichterische Wert Vsevolod M. Garšins

Der dichterische Wert des Vsevolod M. Garšin besteht vor allem darin, dass er das Unmittelbare – also den Menschen selbst – in den Mittelpunkt seiner literarischen Betrachtung stellt und das Mittelbare – also die objektive Welt – erst durch diesen subjektiven Gesichtspunkt betrachtet. Dies ist aber eine grundlegende Vorraussetzung, um das menschliche Leid in der Literatur darzustellen; denn das objektive Leid kann nur dann erkannt und dargestellt werden, wenn diesem das subjektive – also das eigene Leid – vorausgegangen ist. Wenn – und dies muss bereits an dieser Stelle angedeutet werden – eine Verbundenheit zwischen den Menschen besteht, dann kann an diese Verbundenheit nur dann angeknüpft werden, wenn der Betrachter sein eigenes subjektives Leid in einen höheren Zusammenhang stellt – also mit dem objektiven vereint. In diesem Sinne muss auch die eingangs erwähnte Definition,[22] welche uns Stender-Petersen in seiner *Geschichte der russischen Literatur* liefert, gedeutet werden: das fremde Leid kann nur erfasst werden, wenn die Grenze zwischen dem eigenen Ich und den anderen Ichs im Raum aufgehoben wird. Dies ist der literarische Wert des Vsevolod M. Garšin, der in der vorliegenden Arbeit beleuchtet werden soll.

2.3 Über die Vereinigung derselben in der vorliegenden Arbeit

Die Vereinigung derselben wird in der vorliegenden Arbeit deshalb vorgenommen, weil beide – der Philosoph Arthur Schopenhauer und der Schriftsteller Vsevolod M. Garšin – das Leben aus einer pessimistischen

---

[22] Siehe oben: S. 5.

Perspektive betrachten; denn beide gehen davon aus, dass Leben Leiden bedeutet. Schopenhauer drückt dies in jeder Zeile und in aller Deutlichkeit aus, wohingegen bei Garšin das Leid in einem literarischen Gewand erscheint, welches es zunächst zu entkleiden gilt; dies heißt: sich von allen zeitlichen und historischen Bedingungen lösen, um das Wesentliche zu betrachten – also das Unrecht. Der Mensch ist deshalb bei beiden das zentrale Untersuchungsobjekt, weil er derjenige ist, der Unrecht schafft und die Fähigkeit in sich vereint dasselbe zu empfinden; denn, so Schopenhauer: „Die Welt ist eben die Hölle, und die Menschen sind einerseits die gequälten Seelen und andererseits die Teufel darin."[23] Dass sich dies in ähnlicher Weise auch in den Werken Garšins ausdrückt, soll in der vorliegenden Arbeit noch gezeigt werden.

---

23 Zit. nach: Schopenhauer: Parerga und Paralipomena II. Erster Teilband. Bd. IX., S. 326.

II. Philosophische Abhandlung

3. Das Hauptwerk – *Die Welt als Wille und Vorstellung*

Im Bestreben, den richtigen Weg einzuschlagen, um das angestrebte Ziel zu erlangen, ist es unumgänglich, seine Gedanken bereits von Anfang an auf einem festen Fundament zu platzieren und von diesem aus – das Ziel immer vor Augen – zu entfalten. Auch Arthur Schopenhauer macht sich diese Tatsache zu Nutze, um seinem philosophischen Weltbild die richtige Stabilität zu verleihen. Die Rede ist von dem Hauptgrundsatz aller Erkenntnis: dem Satz vom zureichenden Grund, dessen Bedeutung auch Schopenhauer – in Anlehnung an Platon und Immanuel Kant – erkannte. In seiner Vorrede aus dem Jahr 1847 zu seiner im Jahr 1813 verfassten Doktorarbeit *Über die vierfache Wurzel des Satzes vom zureichenden Grunde* macht Schopenhauer *a posteriori* deutlich, dass es sich hierbei um eine elementarphilosophische Abhandlung handelt, die zu einem Unterbau seines ganzen philosophischen Systems geworden ist.[24] Der Schlüssel zum Verständnis des Hauptwerks von Arthur Schopenhauer *Die Welt als Wille und Vorstellung* liegt demgemäß in seiner Abhandlung über den Satz vom zureichenden Grunde, dessen Bedeutung im Sinne Schopenhauers im nachfolgenden Unterkapitel näher betrachtet werden soll.

---

24 Schopenhauer, Arthur: Über die vierfache Wurzel des Satzes vom zureichenden Grunde. Über den Willen in der Natur. Kleinere Schriften I. Bd. V. Zürich 1977, S. 9.

Kapitel 3

3.1 Arthur Schopenhauer – *Über die vierfache Wurzel des Satzes vom zureichenden Grunde*

Arthur Schopenhauer gibt uns in seiner Abhandlung über den Satz folgende grundlegende Definition:

> Unser erkennendes Bewußtsein, als äußere und innere Sinnlichkeit (Receptivität), Verstand und Vernunft auftretend, zerfällt in Subjekt und Objekt, und enthält nichts außerdem. Objekt für das Subjekt seyn, und unsere Vorstellung seyn, ist das Selbe. Alle unsere Vorstellungen sind Objekte des Subjekts, und alle Objekte des Subjekts sind unsere Vorstellungen. Nun aber findet sich, daß alle unsere Vorstellungen unter einander in einer gesetzmäßigen und der Form nach *a priori* bestimmbaren Verbindung stehn, vermöge welcher nichts für sich Bestehendes und Unabhängiges, auch nichts Einzelnes und Abgerissenes, Objekt für uns werden kann.[25]

Demgemäß stehen alle Objekte in Beziehung zu einander; sie unterliegen dem Satz vom zureichenden Grunde. Das Subjekt nimmt dagegen eine besondere Rolle ein, indem es sich nicht unter die Objekte einreiht und nicht den Gesetzen – die unter dem Satz vom zureichenden Grund vereint werden – unterliegt. Auf diese Trennung sei bereits an dieser Stelle hingewiesen; auf die Tragweite dieser Sichtweise soll allerdings im späteren Verlauf der Arbeit eingegangen werden, wo es in einen klareren Zusammenhang tritt. Wie aus dem Titel hervorgeht, ermittelt Schopenhauer eine vierfache Ausformung des Satzes vom Grunde, die sich aus der Verschiedenheit der jeweiligen Objekte unserer Erkenntnis ergibt. Die erste Ausformung – Schopenhauer verwendet den Begriff Klasse – betrifft die „anschaulichen, vollständigen, empirischen Vorstellungen"[26], die das Subjekt im Raum erfasst. Diese Vorstellungen ergeben sich aus der Vereinigung von Raum, Zeit und Kausalität; das Ergebnis dieser Vereinigung ist die Materie.

---

25 Zit. nach: Schopenhauer: Über die vierfache Wurzel des Satzes vom zureichenden Grunde. Über den Willen in der Natur. Kleinere Schriften I. Bd. V., S. 41.
26 Zit. nach: Ebd., S. 43.

Das Hauptwerk – *Die Welt als Wille und Vorstellung*

Raum meint in diesem Zusammenhang Lage von Objekten; Zeit dagegen Folge derselben. Entziehen wir der Materie den Raum, wäre diese nicht mehr existent: „Wäre die Zeit die alleinige Form dieser Vorstellung; so gäbe es kein Zugleichseyn und deshalb nichts Beharrliches und keine Dauer. Denn die Zeit wird nur wahrgenommen, sofern sie erfüllt ist, und ihr Fortgang nur durch den Wechsel des sie Erfüllenden."[27] Fehlt dagegen der Materie die zeitliche Komponente, bliebe uns in diesem Fall nur der Raum und somit ein ausschliessliches Beharren, ohne Wechsel und Veränderung. Die Realität zeichnet sich somit durch Vereinigung beider Elemente aus, welches vom Subjekt erkannt wird. Dies ist die erste Klasse des Satzes vom zureichenden Grunde, für welche im Grunde die Physik – indem es die Ursache und die Wirkung untersucht – zuständig ist. Schopenhauer weist dieser Klasse die Bezeichnung *principium rationis sufficientis fiendi* (der Satz vom zureichenden Grunde des Werdens) zu, da wir es hier – durch die eben erwähnten Eigenschaften – mit Kausalität zutun haben; folglich stetige Veränderung der Materie und sonst nichts. Diese Klasse der Objekte wird von dem Verstand intuitiv erkannt. Die zweite Klasse bezieht ihre Data aus der ersten Klasse; ist somit ohne diese handlungsunfähig. Es handelt sich hierbei um die Klasse der Begriffe, welche – in Abgrenzung zum Verstande – von der Vernunft ausgehen; somit abstrakte Vorstellungen sind. Das Wesen der Vernunft soll im späteren Verlauf der Arbeit noch näher betrachtet werden, da wir uns aus der Beschaffenheit derselben einige Aufschlüsse über das menschliche Handeln erhoffen. Die dritte Ausformung des Satzes knüpft an die erste Klasse an, indem Schopenhauer dort bereits Zeit als Folge und Raum als Lage definierte. In ihrer

---
27 Zit. nach: Ebd., S. 44.

Kapitel 3

getrennten Betrachtung sind diese Teile weder der Vernunft noch dem Verstand zugänglich; denn beide setzen die Materie – also die Vereinigung von Zeit und Raum – voraus; denn, so Schopenhauer: „einzig und allein vermöge der reinen Anschauung *a priori* sind sie uns verständlich: denn was oben und unten, rechts und links, hinten und vorn, was vor und nach sei, ist aus bloßen Begriffen nicht deutlich zu machen."[28] Da Raum und Zeit die elementaren Voraussetzung darstellen, vermöge derer überhaupt etwas ist, verwendet Schopenhauer die Bezeichnung *principium rationis sufficientis essendi* (der Satz vom zureichenden Grunde des Seyns). Die letzte, und für die vorliegende Arbeit überaus bedeutende Klasse, befasst sich mit dem Subjekt, dessen innere Beschaffenheit sich durch ein Wollen auszeichnet. Dies ist von zentraler Bedeutung, da sich das Subjekt selbst nicht als Erkennendes begreift, sondern ausschließlich als Wollendes. Unsere innere Sinnesschau – die sich von der äußeren in der ersten Ausformung des Satzes vom Grunde unterscheidet – ermittelt im Subjekt (also uns) einen Willen. Dem Wollen – welches auf ein unmittelbare Objekt gerichtet ist – liegt immer ein Motiv zugrunde. Die hierdurch motivierte Handlung setzt das Subjekt in Bewegung, das für Schopenhauer bereits Ausdruck eines Willens ist. „Hieraus ergiebt sich der wichtige Satz: die Motivation ist die Kausalität von innen gesehn."[29] Schopenhauer weist dieser Klasse die Bezeichnung *principium rationis sufficientis agendi* (der Satz vom zureichenden Grunde des Handelns) zu. Diese letzte Ausformung des Satzes vom zureichenden Grunde ist eine überaus wichtige, da uns die einzelnen Handlungen der Subjekte nicht nur von außen –

---

28 Zit. nach: Schopenhauer: Über die vierfache Wurzel des Satzes vom zureichenden Grunde. Über den Willen in der Natur. Kleinere Schriften I. Bd. V., S. 148.
29 Zit. nach: Ebd., S. 162.

Das Hauptwerk – *Die Welt als Wille und Vorstellung*

wie uns dies in dem Satze vom zureichenden Grunde Werdens begegnet – sondern auch von innen zugänglich werden. Dies ist das Schauspiel des zentralen Protagonisten (des Willens), dessen Beschaffenheit, welches sich in den Individuen unterschiedlich objektiviert, sich aus den jeweiligen Handlungen des Subjekts ableiten lässt.

3.2 Die Welt als Vorstellung

„Die Welt ist meine Vorstellung." – In Anlehnung an Arthur Schopenhauer, setzen auch wir diese Aussage an den Anfang unserer Untersuchung. Für Schopenhauer ist dies die allgemeinste Wahrheit, die wir aussprechen können; denn jegliche Erkenntnisse von Objekten, d.h. die Wahrnehmung des Raumes, der Zeit und der Kausalität, setzt diese allgemeinste aller Wahrheiten voraus. Diese ist erfahrungsunabhängig; wird vielmehr vorausgesetzt, um Erfahrungen vom Raum und Zeit machen zu können. Diese Wahrheit bedarf am allerwenigsten eines Beweises; sie ist Bedingung und Ausgangspunkt aller menschlichen Erkenntnisfähigkeit; deshalb im höchsten Maße *a priori*. Das Grundgerüst der Vorstellung ist das Subjekt: „Es ist sonach Träger der Welt, die durchgängig, stets vorausgesetzte Bedingung alles Erscheinenden, alles Objekts: denn nur für das Subjekt ist, was nur immer daist."[30] Das Subjekt ist das erkennende Element, dessen Wesen selbst nie erkannt wird; es unterliegt fernerhin nicht den Gesetzen der Kausalität, wie es die Objekte tun, zu denen für Schopenhauer bereits der menschliche Leib gehört. Es stellt sich an dieser Stelle

---

30 Zit. nach: Schopenhauer: Die Welt als Wille und Vorstellung I. Erster Teilband. Bd. I., S. 31.

Kapitel 3

die berechtigte Frage, warum das Subjekt – wo es doch ein Teil des Objekts ist – nicht ebenfalls den Gesetzen der Kausalität unterworfen ist? Diese Frage soll im späteren Teil der Arbeit geklärt werden, wo wir die Sache aus einer anderen Perspektive beleuchten. Bis hierhin lässt sich zunächst einmal eine grundlegende Unterscheidung treffen, die Objekt und Subjekt in ihrem grundlegenden Wesen charakterisiert: das Subjekt unterliegt nicht der Kausalität; ist weder räumlich noch zeitlich definierbar – das Objekt liegt dagegen in Raum und Zeit und ist diesen Gesetzen unterworfen, d.h es ist vergänglich, veränderlich und vielfach. Diese beiden elementaren Bedingungen sind unabdingbar, um von einer Welt der Vorstellung zu sprechen: „Diese Hälften sind [...] unzertrennlich, selbst für den Gedanken: denn jede von beiden hat nur durch und für die andere Bedeutung und Daseyn, ist mit ihr da und verschwindet mit ihr."[31] Der menschliche Leib – Träger des Subjekts und Objekt zugleich – zählt Schopenhauer bereits zu den Objekten, d.h. er ist den Gesetzen der Objekte und somit dem Satz vom zureichenden Grunde unterworfen. Die Welt als Vorstellung wird von Schopenhauer in zwei Kategorien eingeteilt: die intuitive Vorstellung und die abstrakte Vorstellung. Mit der abstrakten Vorstellung meint Schopenhauer die Welt der Begriffe, welche – dank der Vernunft – nur den Menschen zugänglich sind. Welche Konsequenzen sich für den Menschen daraus ergeben; dies soll im weiteren Verlauf der Arbeit noch näher betrachtet werden, da es einen zentralen Anknüpfungspunkt für unsere eingangs aufgeworfene Fragestellung bietet. Wenn wir die Welt aus der Perspektive der reinen Vorstellung weiter betrachten, dann wird deutlich, dass eine derartige Erkenntnisfähigkeit auch in der Tierwelt vorhanden ist. Auch diese besitzen das

---
31 Zit. nach: Ebd., S. 32.

Das Hauptwerk – *Die Welt als Wille und Vorstellung*

Vermögen Objekte im Raum zu erfassen. Hierbei wird deutlich, dass eine derartige Erfassung des Raumes nicht von der Vernunft ausgeht, sondern einer anderen Erkenntnisfähigkeit zu verdanken ist, die sich von der Vernunft maßgeblich unterscheidet. Wir verwenden hier – in Anlehnung an Arthur Schopenhauer – die Formulierung „Erkenntnisweise des reinen Verstandes", die von der eben erwähnten „Erkenntnisweise der reinen Vernunft" zu trennen ist. Auch für Goethe ist der Verstand das Primäre, wohingegen die Vernunft das Sekundäre – Schopenhauer spricht auch vom Hinzukommenden – ist: „Alles Abstrakte wird durch Anwendung dem Menschenverstand genährt, und so gelangt der Menschenverstand durch Handeln und Beobachten zur Abstraktion."[32] Eine derartige differenzierte Betrachtung der Begrifflichkeit ist unerlässlich, wenn eine Klarheit in der Bedeutung derselben angestrebt wird, um sich dem eigentlichen Ziele zu nähern – dem Unrecht.

3.3 Die Welt als Wille

Die Welt ist einerseits Vorstellung und andererseits Wille. Dem Individuum sind beide Welten zugänglich, da er beide Elemente in sich vereint: Objekt (dem Satze vom zureichenden Grunde unterworfen) und Wille (unterliegt nicht dem Satze vom zureichenden Grunde). Jede Bewegung des Leibes in Raum und Zeit, ist zugleich ein von innen empfundener Willensakt. Das Individuum nimmt die Bewegung des Leibes einerseits als die eben erwähnte Vorstellung war und

---

32 Zit. nach: Goethe, Johann Wolfgang v.: Maximen und Reflexionen. Erkenntnis und Wissenschaft. In: Trunz, Erich (Hrsg.) Goethes Werke. Schriften zur Kunst. Schriften zur Literatur. Maximen und Reflexionen. Bd. 12. 13., durchges. Aufl. München 1999, S. 445.

Kapitel 3

andererseits als eine Aktion des Willens; beide Vorgänge sind untrennbar miteinander verknüpft: „Die Aktion des Leibes ist nichts Anderes, als der objektivierte, d.h. in die Anschauung getretene Akt des Willens."[33] Dies ist von besonderer Relevanz, da jede physische Einwirkung auf den Leib zugleich eine Einwirkung auf den objektivierten Willen ist. Damit unterscheidet sich unser Leib von allen anderen Objekten in Raum und Zeit, die uns lediglich als blosse Vorstellungen bekannt sind; dem Individuum offenbart sich hier das wahre Wesen des Seins. Diesbezüglich lässt sich der Wille in der Philosophie Schopenhauers als ein Schlüssel ansehen, mit dessen Hilfe wir einen Zugang zu anderen Objekten erhalten. Der Leib ist das einzige uns unmittelbar zugängliche Objekt; alle anderen Objekte sind uns nur mittelbar zugänglich, und damit für eine tiefergehende Analyse unbrauchbar. „Man gleicht Einem, der um ein Schloß herumgeht, vergeblich einen Eingang suchend und einstweilen die Fassaden skitzirend. Und doch ist dies der Weg, den alle Philosophen vor mir gegangen sind."[34] Aus der mikrokosmischen Betrachtungsweise des Willens im einzelnen Individuum lässt sich eine Ausweitung der Betrachtung anstellen, die den Makrokosmos – also die gesamte Materie im Universum – erfasst. Diesbezüglich bescheinigt Schopenhauer nicht nur den höheren Lebewesen einen Willen; seine Willenstheorie weitet er auf die gesamte Materie in Raum und Zeit aus. Die grundlegende und überaus wichtige Unterscheidung zwischen dem einen Willen im Individuum und dem Willen in der unorganischen Materie betrifft nicht den Willen an sich, sondern den Grad seiner Objektivation auf der jeweiligen Stufe. Im Individuum erblicken wir die vollkommenste Objektivation

---

33 Zit. nach: Schopenhauer: Die Welt als Wille und Vorstellung I. Erster Teilband. Bd. I., S. 143.
34 Schopenhauer: Die Welt als Wille und Vorstellung I. Erster Teilband. Bd. I., S. 178.

Das Hauptwerk – Die Welt als Wille und Vorstellung

des Willens auf seiner höchsten Stufe. Auf den niedrigsten Stufen verortet Schopenhauer die Grundkräfte in der Natur: Schwere, Undurchdringlichkeit, Starrheit etc.[35]

Wie bereits einleitend erwähnt, unterliegt der Wille nicht den Gesetzen, denen die Objekte unterworfen sind; ihm diesbezüglich weder Ursache noch Grund zukommen: der Wille zeichnet sich somit durch eine einzigartige Grundlosigkeit aus, die ihn von allen anderen Objekten im Universum unterscheidet. Eine derartige Grundlosigkeit betrifft nur den Willen an sich; den unmittelbaren Willensakten des Individuums in Raum und Zeit liegen immer Motive zugrunde, die den Handlungen vorausgehen. Diesbezüglich muss eine Unterscheidung zwischen dem metaphysischen Willen und den Willensakten des Individuums – unterworfen dem Satze vom zureichenden Grunde – gemacht werden. Willenserregungen – seien diese nun positiv oder negativ – wie beispielsweise Freude, Verlangen, Begehren, Hoffen etc. erfassen das Individuum, nicht den metaphysischen Willen. Das Individuum tritt als ein wollendes Subjekt auf, dessen Wollen stets auf Objekte gerichtet ist, die in der Außenwelt liegen: „Wenn ein Mensch will; so will er auch Etwas: sein Willensakt ist allemal auf einen Gegenstand gerichtet und läßt sich nur in Beziehung auf einen solchen denken."[36] Das Individuum – Erscheinung des Willens – ist als solches den eingangs erwähnten Gesetzmäßigkeiten der Objekte unterworfen; Veränderung, Vielheit und Vergänglichkeit treffen nur das Individuum, nicht den metaphysischen Willen. Dieser objektiviert sich zwar in allen Erscheinungen auf unterschiedliche Weise; die Eigenschaften derselben treffen auf ihn nicht zu.

---

35 Zit. nach: Ebd., S. 142.
36 Zit. nach: Schopenhauer: Über die Freiheit des menschlichen Willens. Über die Grundlage der Moral. Kleinere Schriften II. Bd. VI., S. 53.

Kapitel 3

Schopenhauers metaphysisches Vorgehen orientiert sich dabei ganz an Platons Philosophie, auf den er in seinem Werk immer wieder zurückgreift:

> Er [der Wille, d. Verf.] ist das Innerste, der Kern jedes Einzelnen und eben so des Ganzen: er erscheint in jeder blindwirkenden Naturkraft: er auch erscheint im überlegten Handeln des Menschen; welcher Beiden große Verschiedenheit doch nur den Grad des Erscheinens, nicht das Wesen des Erscheinenden trifft. [...] Erkenntniß des Identischen in verschiedenen Erscheinungen und des Verschiedenen in ähnlichen ist eben, wie Plato so oft bemerkt, Bedingung zur Philosophie.[37]

Da das Individuum nur über eine beschränkte Wahrnehmung verfügt, die dem Satze vom zureichenden Grunde unterliegt, nehmen wir die Welt nicht als Einheit wahr, sondern als Vielheit, welche erst durch Zeit und Raum ermöglicht wird. Dieser Beschränktheit, welchem das Individuum unterliegt, verleiht Schopenhauer den spezifischen Ausdruck *principium individuationis*,[38] auf diesen er in seinen weiteren Schriften immer wieder zurückgreift. Eine durch d a s *principium individuationis* beschränkte Erkenntnisweise generiert eine Vielheit in Raum und Zeit, die die Existenz eines allumfassenden metaphysischen Willens verschleiert. Eine derartige beschränkte Erkenntnisweise unterscheidet das Individuum vom erkennenden Subjekt; das Individuum unterliegt dem Willen, wohingegen das vom *principium individuationis* befreite Subjekt sich vom Willen abwendet. Welche Vorraussetzungen im Individuum vorliegen müssen, um von einem Subjekt des reinen Erkennens zu sprechen; dies soll ich nachfolgenden Kapitel näher betrachtet werden, da wir hier an die eingangs aufgeworfenen gemeinsame Wurzel anknüpfen, die den Dichter und den Philosophen verbindet.[39] Zuvörderst soll Schopenhauers Verständnis vom

---
37 Zit. nach: Schopenhauer: Die Welt als Wille und Vorstellung I. Erster Teilband. Bd. I., S. 155.
38 Siehe dazu: Ebd., S. 178.
39 Siehe oben: S. 9.

Willen in angemessener Weise betrachtet werden, da durch die metaphysische Betrachtungsweise desselben ein Zugang zum Individuum gegeben ist, dessen Handeln einer inneren Gesetzmäßigkeit unterworfen ist, welches in allen Individuen auf gleiche Weise wirkt. Das Wirken des Willens offenbart sich dem Individuum durch seine einzelnen Willensakte in Zeit und Raum; erst durch diese beiden Anschauungsformen wird dem Individuum *a posteriori* die Beschaffenheit des eigenen Willens bekannt. Schopenhauer verwendet in diesem Zusammenhang die Bezeichnung „empirischer Charakter", welches dem Individuum erst allmählich seinen eigenen Willen offenbart. Diesbezüglich wurzeln die charakterlichen Eigenschaften des Menschen in seinem Willen, der – wie bereits erwähnt – unveränderlich ist. Aus der Unveränderlichkeit desselben folgt die Beständigkeit des eigenen Charakters, der, je nach Grad der vorliegenden Objektivation, unterschiedlich zu betrachten ist:

> Beiläufig möchte ich [...] aufmerksam machen auf die Naivität, mit der jede Pflanze ihren ganzen Charakter durch die bloße Gestalt ausspricht und offen darlegt, ihr ganzes Seyn und Wollen offenbart, wodurch die Physiognomie der Pflanzen so interessant sind; während das Thier, um seiner Idee nach erkannt zu werden, schon in seinem Thun und Treiben beobachtet, der Mensch vollends erforscht und versucht seyn will, da ihn Vernunft der Verstellung in hohem Grade fähig macht.[40]

Wollen wir nun das menschliche Handeln betrachten, muss sein innerster Kern – also sein Wille – uns als Ausgangspunkt dienen. Dieser kann nur dort aufgefunden werden, „wo das Bewußtsein das Sein wirklich berührt, und das geschieht nur an jenem Punkt, wo, wie Schopenhauer sagt, das Subjekt des Erkennens und das Subjekt des Wollens zusammenfallen – im Individuum."[41]

---

40 Zit. nach: Schopenhauer: Die Welt als Wille und Vorstellung I. Erster Teilband. Bd. I., S.208.
41 Zit. nach: Safranski, Rüdiger (Hrsg.): Arthur Schopenhauer. Das große Lesebuch. Frankfurt am Main 2010, S. 13.

Kapitel 3

Weil der Wille nicht den Gesetzen der Kausalität unterliegt, ist diesem nur von innen her beizukommen.

3.4 Die platonische Idee in der Kunst

Aus den bisherigen Betrachtungen ging hervor, dass das Individuum die Welt der Vorstellung und die Welt des Willens gleichermaßen in sich vereint. Dem Individuum – sofern es dem Willen unterworfen ist – stellt sich die Welt als Vielheit dar; die unzähligen Erscheinungen derselben als vergänglich und unbeständig. Dies ist der Charakter einer durch das *principium individuationis* beschränkten Erkenntnisweise, die durch Raum und Zeit ermöglicht wird. Das Individuum tritt stets als ein Wollendes auf, dessen Bestrebungen diesbezüglich auf Objekte gerichtet sind, die in der ihm erscheinenden Welt liegen. Sowohl das Individuum als auch die von ihm begehrten Objekte unterliegen dem Satze vom zureichenden Grunde; bilden eine Kette der Ursachen und Wirkungen. Das vom *principium individuationis* befreite Subjekt geht dagegen in den Satz nicht ein; befindet sich demgemäß außerhalb der Kette. In einem derartigen Zustand der reinen willenlosen Erkenntnis sind für das Subjekt nicht mehr die einzelnen Objekte im Raum von Interesse, sondern der objektivierte Wille, auf seinen verschiedenen Stufen. In Anlehnung an Platon und dessen Ideenlehre, bezeichnet Schopenhauer die verschiedenen Stufen als Ideen, in denen sich der uns bekannte Wille auf unterschiedlichste Weise objektiviert. Die Ideen als solche sind nur dem vom Willen befreiten Subjekt zugänglich: „Das Individuum als solches erkennt nur einzelne Dinge; das reine Subjekt des Erkennens nur

Das Hauptwerk – *Die Welt als Wille und Vorstellung*

Ideen."[42] An die Ausführungen des zweiten Buches *Die Objektivation des Willens* anknüpfend, legt uns Schopenhauer sein Verständnis von den Ideen dar:

> In diesen Stufen erkannten wir schon dort Plato's Ideen wieder, sofern nämlich jene Stufen eben die bestimmten Species, oder die ursprünglichen, nicht wechselnden Formen und Eigenschaften aller natürlichen, sowohl unorganischen, als organischen Körper, wie auch die nach Naturgesetzen sich offenbarenden allgemeinen Kräfte sind. Diese Ideen also insgesammt stellen sich in unzähligen Individuen und Einzelheiten dar, als deren Vorbilder sie sich zu diesen ihren Nachbildern verhalten. [...] Die Idee [...] geht in jenes Princip [dass der Kausalität, d. Verf.] nicht ein: daher ihr weder Vielheit noch Wechsel zukommt. Während die Individuen, in denen sie sich darstellt, unzählige sind und unaufhaltsam werden und vergehn, bleibt sie unverändert als die eine und selbe stehn, und der Satz vom Grunde hat für sie keine Bedeutung.[43]

Ohne die ursprüngliche Ideenlehre und Schopenhauers Verständnis von derselben an dieser Stelle im Einzelnen näher zu untersuchen oder zu bewerten,[44] gehen beide Philosophen davon aus, dass die uns bekannte Welt eine Erscheinung ist, welche einem übergeordneten metaphysischen Sein zugrunde liegt. In diesem Sinne sei auch Kants „Ding an sich" – auf den sich Schopenhauer in diesem Kontext ebenfalls beruft – zu verstehen, welchen Schopenhauer als Wille bezeichnet.[45] Dies ist das übereinstimmende und grundlegende Element zweier Philosophen, deren Schopenhauer sich bedient; ja, auf der Philosophie derselben fußt sein ganzes metaphysisches System.[46] Die

---

42 Zit. nach: Schopenhauer: Die Welt als Wille und Vorstellung I. Erster Teilband. Bd. I., S. 233.
43 Zit. nach: Ebd., S. 221.
44 Siehe dazu: Perteck, David: Ideenlehre und Willensmetaphysik. Philosophische Untersuchungen zu Platon und Schopenhauer. Hamburg 2011.
45 Schopenhauer: Die Welt als Wille und Vorstellung I. Erster Teilband. Bd. I., S. 244.
46 Im ersten Kapitel aus Schopenhauers Dissertation *Über die vierfache Wurzel des Satzes vom zureichenden Grunde* heißt es dazu: „Plato der göttliche und der erstaunliche Kant vereinigen ihre nachdrucksvollen Stimmen in der Anempfehlung einer Regel zur Methode alles Philosophirens, ja alles Wissens überhaupt." Zit. nach: Schopenhauer, Arthur: Über die vierfache Wurzel des Satzes vom zureichenden Grunde. Über den Willen in der Natur. Kleinere Schriften I. Zürich 1977, S. 13.

Kapitel 3

Forschung geht von der Annahme aus, dass Schopenhauer sich der platonischen Idee bedient, um eine Verbindung zwischen dem metaphysischen Willen und den einzelnen Erscheinungen in Raum und Zeit herzustellen.[47] Diese Ideen stellen – worauf Platon bereits in seinem *Philebos* verweist – unveränderliche metaphysische Existenzen dar, die die Existenz der Erscheinungen bewirken; von diesen allerdings völlig getrennt sind. Wie bereits aus dem vorhin dargelegten Zitat hervorging, weist Schopenhauer organischen Lebewesen, wie beispielsweise Menschen, Tieren und Pflanzen, sowie den unorganischen Objekten, Ideen zu. Die Idee selbst drückt immer das Wesentlichste der jeweiligen Erscheinung aus: „Schwere, Starrheit, Flüssigkeit, Licht u.s.w. sind die Ideen, welche sich in Felsen, Gebäuden, Gewässern aussprechen."[48] Da sich die Idee im einzelnen Vertreter der Gattung – dem Menschen beispielsweise – voll und ganz objektiviert, offenbart das Betrachten eines Exemplars, die Ideen der gesamten Gattung – der Menschheit in diesem Fall. Dies gilt allerdings nur bis zu einem gewissen Punkt; denn die Komplexität des Individuums – im Vergleich zum Tier – erschwert das Einfangen einer bestimmten Idee; vielmehr erblickt Schopenhauer in jedem einzelnen Individuum, eine ihm spezifisch zugrunde liegende Idee; das Einfangen derselben ist die Aufgabe der Künste: „Die Künste daher, deren Zweck die Darstellung der Idee der Menschheit ist, haben neben der Schönheit, als dem Charakter der Gattung, noch den Charakter des Individuums, welcher vorzugsweise Charakter genannt wird, zur Aufgabe."[49] Dies obliegt nur dem vom Willen befreiten Subjekt, dessen reine und zeitlose Erkenntnisfähigkeit sich der jeweiligen Idee widmet. Jede spezifische Idee auf

---
47 Perteck: Ideenlehre und Willensmetaphysik., S. 79.
48 Zit. nach: Schopenhauer: Die Welt als Wille und Vorstellung I. Erster Teilband. Bd. I., S. 269.
49 Zit. nach: Ebd., S. 285.

der jeweiligen Stufe seiner Objetivation lässt sich demnach in der Kunst erfassen; die Fähigkeit zur Betrachtung derselben setzt ebenfalls ein Subjekt der reinen Erkenntnis voraus, das sich zeitweise der Idee – und somit von allen Wünschen, Schmerzen, Qualen etc. befreit – widmen kann. Die Ideenerkenntnis wird für Schopenhauer durch die folgenden Künste erleichtert bzw. zugänglich gemacht: Bildende Kunst (Malerei, Baukunst, Bildhauerei, Zeichnung) und die Dichtung. Ohne auf die Unterschiede der jeweiligen Künste an dieser Stelle näher einzugehen, betrachten wir nur die Dichtung, da vor allem diese für die vorliegende Arbeit von besonderer Relevanz ist. Da die Ideen vor allem anschaulicher Art sind, erfolgt die Darstellung derselben in der Dichtung mittelst abstrakter Begriffe, die vom Leser zu einem Bild zusammengefügt werden:

> Um aber diese dem Zweck entsprechend in Bewegung zu setzen, müssen die abstrakten Begriffe, welche das unmittelbare Material der Poesie wie der trockensten Prosa sind, so zusammengestellt werden, daß ihre Sphären sich dergestalt schneiden, daß keiner in seiner abstrakten Allgemeinheit beharren kann; sondern statt seiner ein anschaulicher Repräsentant vor die Phantasie tritt, den nun die Worte des Dichters immer weiter nach seiner Absicht modificiren.[50]

Was das Wesen der Geschichte betrifft; so wurde auf den Charakter derselben bereits eingegangen. Diese offenbart nicht Ideen, sondern nur zufällige dem Satze vom zureichenden Grunde unterworfene Begebenheiten. Schopenhauers Ansicht diesbezüglich:

> Zwar lehrt auch die Erfahrung, lehrt auch Geschichte den Menschen kennen; jedoch öfter die Menschen als den Menschen: d.h. sie geben mehr empirische Notizen vom Benehmen der Menschen gegeneinander, woraus Regeln für das eigene Verhalten hervorgehen, als daß sie in das innere Wesen des Menschen tiefe Blicke thun ließen. [...] Der Dichter [dagegen, d. Verf.] stellt mit Wahl und Absicht bedeutende Charaktere in bedeutenden Situation dar: der Historiker nimmt Beide wie sie kommen.[51]

---
50 Zit. nach: Schopenhauer: Die Welt als Wille und Vorstellung I. Erster Teilband. Bd. I., S. 306.
51 Zit. nach: Ebd., S. 308

Kapitel 3

In seinen weiteren Ausführungen betrachtet Schopenhauer folgende Dichtungsarten: Poesie, Roman, Epos, Drama und Trauerspiel. All diese Dichtungsarten drücken bestimmte Ideen – also den objektivierten Willen auf seinen jeweiligen Stufen – aus. Wie bereits erwähnt, setzt die Erkenntnis der Ideen eine bestimmte Beschaffenheit des Betrachters voraus, der die Fähigkeit zur objektiven Betrachtungsweise in sich vereint. Nun bescheinigt Schopenhauer gerade der Poesie das Gegenteil; diese zeichnet sich vor allem durch eine starke subjektive Färbung aus; die Empfindungen des Dichters sind diesbezüglich vorherrschend.[52] Das Trauerspiel verlangt dagegen eine mehr objektive Betrachtungsweise:

> Als der Gipfel der Dichtkunst, sowohl in Hinsicht auf die Größe der Wirkung, als auf die Schwierigkeit der Leistung, ist das Trauerspiel anzusehn und ist dafür anerkannt. [...] Es ist der Widerstreit des Willens mit sich selbst, welcher hier, auf der höchsten Stufe seiner Objektivität, am vollständigsten entfaltet, furchtbar hervortritt. Am Leiden der Menschheit wird er sichtbar, theils durch Zufall und Irrthum, [...] theils geht er aus der Menschheit selbst hervor, durch die sich kreuzenden Willensbestrebungen der Individuen, durch die Bosheit und Verkehrtheit der Meisten.[53]

Den Roman, das Epos und das Drama siedelt Schopenhauer zwischen der Poesie und dem Trauerspiel an; ihrem Wesen nach verlangen diese Dichtungsarten allerdings eine tendenziell objektive Betrachtungsweise der Ideen. Hierbei handelt es sich vor allem um die Idee des Menschen, welche von der jeweiligen Dichtung betrachtet wird. Zur Darstellung derselben muss der Dichter eine besondere Situation schaffen, in der die spezifische Idee – oder der menschliche Charakter – zur vollen Sichtbarkeit gelangt. Das Individuum – dem *principium individuationis* unterworfen – erfasst nun nicht die Idee, sondern das einzelne ihm vorgeführte Schicksal; wohingegen das Subjekt die Idee erblickt. Diesem –

---
52 Ebd., S. 316.
53 Zit. nach: Ebd., S. 318.

Das Hauptwerk – *Die Welt als Wille und Vorstellung*

so Schopenhauer – ist das vermeintlich fremde Schicksal so nahe, als ob es sein eigenes wäre. Durch das Aufheben des *principium individuationis*, welche die Vielheit bewirkt, erblickt das Subjekt seinen innersten Kern – diesen nannten wir Willen – im fremden Individuum. Dem Erörterten zufolge, liegt jeder echten Dichtung eine Idee zugrunde, welche uns zwar im individuellen Gewand erscheint; ihrem Wesen nach den Charakter der Gattung offenbart. In Anbetracht der hier vorgebrachten Erkenntnisse stellt sich die Frage, inwieweit die Werke Vsevolod M. Garšins uns einen Zugang zu den jeweiligen Ideen verschaffen. Liegen seinen Werken spezifische Ideen zugrunde, die den Charakter der Menschheit aus einer bestimmten Perspektive offenbaren? Es ist das eingangs aufgeworfene Problem des Daseins im Allgemeinen; die Frage „Was ist das Leben?", welche es durch die Betrachtung der Ideen in seinen Werken zu beantworten gilt. Warum wir nun gerade Garšin die Fähigkeit bescheinigen, uns die Ideen der Menschheit zu offenbaren; dies liegt zum einen an seiner eigenen spezifischen Beschaffenheit, zum anderen an der Fähigkeit, subjektive Empfindungen und objektive Erkenntnisse in seinen Werken gleichermaßen zu vereinen.

4. Ethische Abhandlung

4.1 Gesetz der Motivation

> *Denn das Ähnliche ist dem Ähnlichen von Natur verwandt, das Gesetz aber, welches ein Tyrann der Menschen ist, erzwingt vieles gegen die Natur.*[54] *[Platon]*

Wie bereits eingangs erwähnt, ist das Subjekt das erkennende Element, dessen Wesen von außen selbst nie erkannt wird. Nun ermittelt Schopenhauer in der vierten Ausformung des Satzes vom zureichenden Grunde – dem Satz vom zureichenden Grunde des Handelns – darüber hinaus das Subjekt des Wollens. Das Subjekt begreift sich selbst nicht nur als erkennendes, sondern auch als ein wollendes. Durch sein eigenes Wollen gelangt das Subjekt zur Selbsterkenntnis, und damit zum Bewusstsein der eigenen Existenz. Als ein wollendes Subjekt unterliegt es dem Gesetz der Motivation, welches von besonderer Relevanz ist, da hier ein Gesetz von innen mit der gleichen Notwendigkeit wirkt, wie das Gesetz der Kausalität in der erscheinenden Welt; diesbezüglich Schopenhauer: „die Motivation ist die Kausalität von innen gesehn."[55] Beim Menschen erblicken wir nun das Motiv, welches – wie bereits erwähnt – in einem eigentümlichen Verhältnis zum Gesetz der Kausalität steht, dem die Objekte unterworfen sind. Dies findet seine Bestätigung bereits bei Goethe: „Es ist etwas unbekanntes Gesetzliches im Objekt, welches dem unbekannten Gesetzlichen im

---

54 Zit. nach: Platon: Die großen Dialoge., S. 486.
55 Zit. nach: Schopenhauer: Über die vierfache Wurzel des Satzes vom zureichenden Grunde. Über den Willen in der Natur. Kleinere Schriften I. Bd. V., S. 162.

Kapitel 4

Subjekt entspricht."[56] Was Objekt und Subjekt verbindet, ist ihre Notwenigkeit, die im Satz vom zureichenden Grunde ihre Bestätigung findet. Einer Handlung des Subjekts muss notwendigerweise ein Motiv vorausgehen, dessen Beschaffenheit die Handlung maßgeblich beeinflusst. Dieses Motiv ist dem jeweiligen Subjekt – sofern es sein eigenes ist – zugänglich; denn, so Schopenhauer:

> Wenn wir in unser Inneres blicken, finden wir uns immer als wollend. Jedoch hat das Wollen viele Grade, vom leisesten Wunsche bis zur Leidenschaft, und daß nicht nur alle Affekte, sondern auch alle die Bewegungen unsers Innern, welche man dem weiten Begriffe Gefühl subsumirt.[57]

Dem Motiv selbst liegt immer eine Vorstellung (Objekt) zugrunde, die eine motivierende Funktion im Subjekt einnimmt, wodurch der Wille in Aktion versetzt wird. Da Schopenhauer den Willen mit dem Leib gleichsetzt, ist eine Aktion des Willens immer eine Aktion des Leibes. Hieraus ergibt sich, dass jeglicher Bewegung des Leibes ein Motiv zugrunde liegt, welches der Mensch entweder aus der gegenwärtigen anschaulichen Welt bezogen hat oder es bereits in der Vergangenheit aufgenommen hat. Dies ist durch die Vernunft möglich, welche – wie bereits erwähnt – dem Menschen die Fähigkeit zur Abstraktion gibt. Diese Fähigkeit fehlt den Tieren, daher sind ihre Motive immer an die Gegenwart gebunden. In der *Preisschrift über die Freiheit des Willens* erläutert Schopenhauer den Unterschied:

> Der Mensch hingegen hat, vermöge seiner Fähigkeit nicht-anschaulicher Vorstellungen, vermittelst deren er denkt und reflektiert, einen unendlich weiteren Gesichtskreis,

---

56 Zit. nach: Goethe, Johann Wolfgang v.: Maximen und Reflexionen. Erkenntnis und Wissenschaft. In: Trunz, Erich (Hrsg.) Goethes Werke. Schriften zur Kunst. Schriften zur Literatur. Maximen und Reflexionen. Bd. 12. 13., durchges. Aufl. München 1999, S. 436.
57 Zit. nach: Schopenhauer: Über die vierfache Wurzel des Satzes vom zureichenden Grunde. Über den Willen in der Natur. Kleinere Schriften I. Bd. V., S. 160.

Ethische Abhandlung

welcher das Abwesende, das Vergangene, das Zukünftige begreift: dadurch hat er eine sehr viel größere Sphäre der Einwirkung von Motiven und folglich auch der Wahl, als das auf die enge Gegenwart beschränkte Thier.[58]

Durch den erweiterten Gesichtskreis, ist das Individuum unzähligen Motiven ausgesetzt, die der Vergangenheit, der Gegenwart und der Zukunft entspringen können. Da Vergangenheit und Zukunft Aufhebung der Zeit und des Raumes nach sich ziehen, wird die Erkennbarkeit des Zusammenhangs zwischen Motiv und der eigentlichen Handlung erschwert. Vereinfacht ausgedrückt: dem Individuum wird sein eigenes Handeln zunehmend unklarer; der Eintritt derselben unterliegt weiterhin der eingangs erwähnten Notwendigkeit. Das Motiv selbst kann nur durch ein größeres Gegenmotiv aufgehoben werden, welches nun stattdessen auf das Individuum wirkt. Wenn nun jedes Individuum eine spezifische Idee in sich vereint, welchen wir Charakter nannten, dann hat dies zufolge, dass die Motive auf jeden Charakter eine andere Wirkung hervorrufen. Diesbezüglich liegt jeder Handlung ein Motiv zugrunde, die Beschaffenheit derselben lässt sich ohne die Kenntnis des jeweiligen Charakters, auf den das Motiv wirkt, nicht vorhersagen. Durch die empirische Beschaffenheit des menschlichen Charakters zieht Schopenhauer darüber hinaus die folgende Feststellung:

> Durch Erfahrung allein lernt man ihn [den Charakter, d. Verf.] kennen, nicht bloß an Andern, sondern auch an sich selbst. Daher wird man oft, wie über Andere, so auch über sich selbst enttäuscht, wenn man entdeckt, daß man diese oder jene Eigenschaft, z.B. Gerechtigkeit, Uneigennützigkeit, Muth, nicht in dem Grade besitzt, als man gütigst voraussetzte. [...] Wer ein Mal etwas gethan, wird es, vorkommenden Falls, wieder thun, im Guten wie im Bösen.[59]

Diesbezüglich geht Schopenhauer davon aus, dass der Charakter des Menschen

---

58 Zit. nach: Schopenhauer: Über die Freiheit des menschlichen Willens. Über die Grundlage der Moral. Kleinere Schriften II. Bd. VI., S. 73.
59 Zit. nach: Ebd., S. 87f.

Kapitel 4

unveränderlich sei; das Wirken auf denselben, um eine moralische Besserung zu erhalten, bliebe – laut Schopenhauer – ohne Ergebnis. Wenn nur die Motive im Individuum eine Veränderung bewirken, dann muss die Empfänglichkeit für dieselben – vor allem für die positiven Motive – verstärkt werden. Dies obliegt in erster Linie der Bildung und dem Wissen, mit dessen Hilfe das Individuum seinen eigenen intellektuellen Horizont erweitert, und damit aus eigenem Antrieb verantwortungsbewusste Handlungen vollzieht.[60] Damit erübrigt sich jegliche moralische Predigt, welche zum Ziel hat, den Charakter des Menschen zu bessern; denn, so Schopenhauer über die Wirkung derselben: „Weiter […], als auf die Berichtigung der Erkenntniß, erstreckt sich keine moralische Einwirkung."[61] Diesbezüglich widerlegt Schopenhauer in seiner ethischen Schrift *Über die Grundlage der Moral* Kants kategorischen Imperativ, welcher in seiner Grundform besagt: „Handle nur nach derjenigen Maxime, durch die du zugleich wollen kannst, dass sie ein allgemeines Gesetz werde."[62] Die Unvereinbarkeit einer derartigen Maxime, welche zudem einen normativen Charakter besitzt, mit dem kausalen Vorgehen Schopenhauers, liegt auf der Hand: „Ich sage, im Gegensatz zu Kant, daß der Ethiker, wie der Philosoph überhaupt, sich begnügen muß mit der Erklärung und Deutung des Gegebenen."[63] Indem Kant von Gesetzen und Pflichten spricht, ohne dieselben eine Begründung zu unterziehen, verleiht er seiner Ethik ein Fundament, dessen Stabilität Schopenhauer in Frage stellt. Wenn Schopenhauer nun seinerseits vom

---

60 Ebd., S. 91.
61 Zit. nach: Ebd.
62 Zit. nach: Kant, Immanuel: Grundlegung zur Metaphysik der Sitten. Riga 1785. URL: http://gutenberg.spiegel.de/buch/grundlegung-zur-methaphysik-der-sitten-3510/1 [Stand: 23.10.2015].
63 Zit. nach: Schopenhauer: Über die Freiheit des menschlichen Willens. Über die Grundlage der Moral. Kleinere Schriften II. Bd. VI., S. 160.

Ethische Abhandlung

Gesetz der Motivation spricht, welchem der menschliche Wille unterworfen ist, dann liegt zwar auch dieser Auffassung eine gebietende Dimension zugrunde, diese beruht allerdings auf einer Notwendigkeit, die Schopenhauer – wie bereits gezeigt – nachweisen konnte. Demgemäß beruhen unsere weiteren Betrachtungen auf dem Gesetz der Motivation nach der vierten Ausformung des Satzes vom zureichenden Grunde, welches besagt, dass jeder Handlung ein Motiv zugrunde liegt. In diesem Sinne sei auch Ciceros berühmter Ausspruch *nihil fit sine causa* zu verstehen, welcher dasselbe zu meinen scheint.

4.2 Die Haupttriebfedern des Menschen

4.2.1 Egoismus und Bosheit

Alle elementaren Handlungen des Menschen entspringen für Schopenhauer aus dem Egoismus. Seinen Eigenschaften nach, ist dieser: grenzenlos, da die Motive, denen das Individuum ausgesetzt ist, ebenso mannigfaltig sind; kolossal und zerstörerisch, da die Vernichtung der Welt mitunter vorgezogen wird, um das eigene Überleben zu gewährleisten.[64] Diesbezüglich stellt Schopenhauer die folgende Maxime des extremsten Egoismus auf: *Neminem juva, omnes, si forte conducit, laede* (Hilf niemandem, vielmehr verletze alle, wenn es dir gerade nützt).[65] Das einzelne Individuum – ein Subjekt des Wollens und der Erkenntnis – zeichnet sich durch Subjektivität aus, die der objektiven Welt gegenübersteht: „Dies beruht zuletzt darauf, daß Jeder sich selber unmittelbar gegeben ist, die

---
64 Ebd., S. 240.
65 Ebd.

Andern aber ihm nur mittelbar, durch die Vorstellung von ihnen in seinem Kopfe: und die Unmittelbarkeit behauptet ihr Recht."[66] Dies ist der Charakter einer im *principium individuationis* befangenen Erkenntnisweise, welche die Vielheit in Raum und Zeit bewirkt. Das einzelne Individuum nimmt sich selbst als Ich war, wohingegen alle anderen Erscheinungen im Raum für ihn ein Nicht-Ich darstellen. Sich dieser natürlichen Grenze bewusst, wird dem individuellen Wohl eine vermehrte Bedeutung eingeräumt. Dies ist die Basis des Egoismus, und damit sein Nährboden, aus dem alle egoistischen Handlungen entspringen. Mit der Verneinung des Willens, und damit der Aufhebung des *principium individuationis,* stellt sich im Individuum die metaphysische Einsicht ein, dass die vermeintliche Verschiedenheit der Individuen auf einer Täuschung beruht, dessen Höhepunkt sich im äußersten Egoismus und in der Bosheit darstellt. „Denn so gut wie im Traum in allen uns erscheinenden Personen wir selbst stecken, so gut ist es im Wachen der Fall, – wenn auch nicht so leicht einzusehen. Aber *tat-twam asi* [dies bist du, d. Verf.]."[67] Neben dem erkenntnistheoretischen Ansatz, vertritt Schopenhauer eine biologisch-psychologische Betrachtungsweise, die Mensch und Tier miteinschließt:

> Die Haupt- und Grundtriebfeder im Menschen, wie im Thiere, ist der Egoismus, d.h. der Drang zum Daseyn und Wohlseyn. [...] Dieser Egoismus ist [...] mit dem innersten Kern und Wesen desselben aufs genaueste verknüpft, ja eigentlich identisch. [...] der Mensch will unbedingt sein Daseyn erhalten, will es von Schmerzen, zu denen auch aller Mangel und Entbehrung gehört, unbedingt frei, will die größtmögliche Summe von Wohlseyn, und will jeden Genuß, zu dem er fähig ist, ja, sucht wo möglich noch neue Fähigkeiten zum Genusse in sich zu entwickeln.[68]

Schopenhauers irrationaler Ansatz knüpft damit an Thomas Hobbes Theorie des Egoismus an, welche besagt, dass das Individuum – seiner biologischen

---

66 Zit. nach: Ebd., S. 237.
67 Zit. nach: Ebd., S. 312.
68 Zit. nach: Ebd., S. 235f.

Ethische Abhandlung

Veranlagung entsprechend – von Grund auf ein egoistisches Wesen sei, dessen primäres Ziel in der Selbsterhaltung liege. Dies zeige sich vor allem in dem von Hobbes entworfenem Naturzustand – also dem Fehlen staatlicher Institutionen, in welchem die Prämisse *bellum omnium contra omnes* (Krieg aller gegen alle) gelte.[69] Der allen diesen Individuen – dem *principium individuationis* unterworfen – gemeinsame Egoismus, beruht auf dem eben erwähnten Selbsterhaltungstrieb, der in einem rechtsfreien Zustand durchaus seine legitime Daseinsberechtigung hat. Der empirischen Erfahrung nach, ist das Individuum darauf bestrebt, die Grenzen des natürlichen Egoismus verlassend, sein eigenes Wohl – mitunter zum Nachteil der übrigen Individuen – kontinuierlich auszubauen. Scheint doch dies Aristoteles zu meinen, wenn er in seiner *Nikomachischen Ethik* sagt:

> Das Unrecht [...] besteht darin, daß man sich selbst zu viel des schlechthin Guten und zu wenig des schlechthin Übeln zuteilt. Darum lassen wir keinen Menschen, sondern die die Vernunft herrschen, weil der Mensch sich in der bezeichneten Weise zuteilt und Tyrann wird. Der wahre Herrscher ist Wächter des Rechtes und mit dem Recht auch der Gleichheit.[70]

Nicht die Vernunft des Einzelnen kann den egoistischen Bestrebungen Einhalt gebieten, sondern die Vernunft der Gesamtheit, welche zum Zwecke der Gleichheit staatliche Institutionen errichtet, um die Entwicklung des Einzelnen als auch der Gesamtheit zu gewährleisten. Das Besagte wird nicht durch die Besserung des Einzelnen erreicht – denn dies würde gegen den Grundsatz des empirischen Charakters verstoßen, auf dessen Unveränderlichkeit bereits hingewiesen wurde – sondern *ex post facto*. Diesbezüglich dem Staate lediglich eine strafende Funktion zukommt, welche – im Falle des Unrechts – vollzogen

---
69 Siehe hierzu: Hobbes, Thomas: Der Leviathan. (Nach der ersten dt. Übers. vollst. neu überarb. von Kai Kilian) Köln 2009.
70 Zit. nach: Aristoteles: Nikomachische Ethik., S. 136.

Kapitel 4

wird. „Das Gesetz [...] und die Vollziehung desselben, die Strafe, sind wesentlich auf die Zukunft gerichtet, nicht auf die Vergangenheit. Dies unterscheidet Strafe von Rache, welche letztere lediglich durch das Geschehene [...] motivirt ist."[71] Der eigentliche Grundcharakter der Strafe entspringt aus dem eben erwähnten Gesetz der Motivation, indem einer bevorstehenden unerlaubten Handlung, welche ohne ein zureichendes Motiv nicht eintreten kann, ein adäquates Gegenmotiv (Strafe) vorgelegt wird. Die Anzahl der Gegenmotive orientiert sich dabei an den möglichen Motiven, die zu einem unrechten und egoistischen Vergehen führen können. Auf die Vielzahl derselben verweist auch Goethe, indem er sagt: „Wenn man alle Gesetze studieren wollte, so hätte man gar keine Zeit mehr, sie zu übertreten."[72] Wenn nun alle egoistischen Motive – seien diese nun natürlichen Ursprungs oder nicht – dem eigenen Interesse und Wohlergehen dienen, dann bleibt hierbei das Wohl anderer Individuen notwendigerweise unberücksichtigt. Diesbezüglich wir jeder Handlung, die egoistischen Zwecken unterliegt, eine moralische Wertigkeit absprechen, da Schopenhauer moralisches Handeln nur in Bezug auf andere gelten lässt. Dies tut er in Anlehnung an Aristoteles, welcher sagt: „Recht und Unrecht setzt immer ein Verhältnis von mehreren voraus."[73] Unter dieser Bedingung erhält der natürliche Egoismus im Individuum seine legitime Daseinsberechtigung, wohingegen Handlungen in Bezug auf andere, welchen ein egoistisches Motiv zugrunde liegt, bereits der aristotelischen Gleichheit

---

71 Zit. nach: Schopenhauer: Die Welt als Wille und Vorstellung I. Zweiter Teilband. Bd. II., S. 433.
72 Zit. nach: Goethe, Johann Wolfgang v.: Maximen und Reflexionen. Erfahrung und Leben. In: Trunz, Erich (Hrsg.) Goethes Werke. Schriften zur Kunst. Schriften zur Literatur. Maximen und Reflexionen. Bd. 12. 13., durchges. Aufl. München 1999, S. 544.
73 Zit. nach: Aristoteles: Nikomachische Ethik., S. 149.

widersprechen; diesbezüglich eine Form des Unrechts darstellen. Dies gilt erst recht für die Bosheit, indem die ungerechte Handlung zum eigentlichen Motiv des Ausübenden wird, d.h. die Zweckhaftigkeit einer unrechten Handlung ist nicht gegeben; daher lautet die Maxime derselben: *Omnes, quantum potes, laede* (Verletze alle, so sehr du kannst).[74] Der metaphysischen Betrachtung nach, ist das boshafte Individuum dem *principium individuationis* voll und ganz verfallen, und dies weitaus mehr als der vollkommene Egoist. Die Fähigkeit zu derselben ist das alleinige Privileg des Menschen, welcher – vermöge der Vernunft und der damit verbundenen Abstraktionsfähigkeit – einen Genuss am Leiden des anderen empfindet. Die Motivation, die einer boshaften Handlung vorhergeht, verspricht dem Individuum bereits vor der eigentlichen Handlung einen Genuss; seine Vorstellungskraft dementsprechend angeregt wird. Die Fähigkeit zu derselben entspringt – wie bereits erwähnt – aus der Vernunft; wir daher zu der Feststellung gelangen, dass auch diese scheinbare göttliche Einrichtung an der Boshaftigkeit beteiligt ist; denn, so Goethe: „Die Vernunft des Menschen und die Vernunft der Gottheit sind zwei sehr verschiedene Dinge."[75]

4.2.2 Mitleid

Mit der oben angedeuteten Entmachtung der Vernunft im Einzelnen, welche der Boshaftigkeit und dem Egoismus nicht zuwiderläuft, kann auch keine echte Moral aus der Vernunft entspringen, da der Einfluss derselben auf die zwei

---

74 Zit. nach: Schopenhauer: Über die Freiheit des menschlichen Willens. Über die Grundlage der Moral. Kleinere Schriften II. Bd. VI., S. 240.
75 Zit. nach: Korn, Eugen (Hrsg.): Goethes Gespräche. Paderborn 2012, S. 135.

negativen Triebfedern nur unzureichend ist. Diesbezüglich vom Kants kategorischem Imperativ keine moralische Wirkung zu erwarten sei, da diese eine Reflexion des Individuums voraussetzt, bevor es zu unrechten Handlung kommt. In diesem Sinne argumentiert auch Hans-Joachim Niemann, wenn er über die Ethik Schopenhauers sagt: „Schopenhauer hatte bei Kant minutiös nachgewiesen, dass die auf Verpflichtung abzielende Begründung des kategorischen Imperativs ein Selbstbetrug war. Ohne zusätzliche Motive vermag die reine Vernunft uns zu nichts bewegen."[76] Das oben Gesagte bestätigend, fügt er hinzu: „Nur Motivation kann Moral in dem Sinne begründen, dass wir tatsächlich ihren Prinzipien gemäß handeln."[77] Gegen die empirische Ungerechtigkeit – welche uns im Gewand des Egoismus und der Bosheit erscheint – vermag die Theorie nichts ausrichten, daher Schopenhauer für ein wirklichkeitsnahes Vorgehen plädiert, da die Moral sich mit demselbigen auseinandersetzt. Seine Lösung der Ungerechtigkeit liegt in der dritten Haupttriebfeder – dem Mitleid. Die Maxime des Mitleids lautet daher: *Neminem laede, imo omnes, quantum potes, juva* (Verletze niemanden, vielmehr hilf allen, soweit du kannst).[78] Dieser Prämisse liegen zwei Handlungen zugrunde: eine passive „verletze niemanden" und eine aktive „hilf allen". Die aristotelische Gleichheit setzt die Passivität des Einzelnen voraus, daher dieselbe eine Rechtspflicht darstellt. Der aktiven Handlung liegt dagegen eine philanthropische Einstellung zugrunde, aus der die Menschenliebe entspringt. Der metaphysischen Betrachtung nach, löst sich das Individuum bewusst oder

---

[76] Zit. nach: Niemann, Hans-Joachim: Arthur Schopenhauer und sein nicht preisgekröntes Meister der Ethik, S. 30. In: URL: http://www.gkpn.de/Niemann_Schopenhauer.pdf [Stand: 23.11.2015].
[77] Ebd.
[78] Schopenhauer: Über die Freiheit des menschlichen Willens. Über die Grundlage der Moral. Kleinere Schriften II. Bd. VI., S. 251.

Ethische Abhandlung

unbewusst vom *principium individuationis* und hebt damit die Grenze auf, welche uns vom fremden Leid trennt. Diesbezüglich weist Schopenhauer nur dem Mitleid echten moralischen Wert zu, da das fremde Leid – denn nur in Bezug auf andere gilt die Moral – zum Motiv wird und damit den Egoismus in uns *ad interim* aufhebt. Eine Bestätigung des Gesagten liefert uns Dostoevskij in seiner Erzählung *Честный вор*, indem der Erzähler – seinen eigenen armseligen Verhältnissen zum Trotz – Mitleid für einen heruntergekommenen Trinker empfindet:

> Я тут, сударь, сел да начал раздумывать: что ж он, скитающийся человек, много ль помехи мне сделает? И вышло, по раздумье, что немногого будет стоить помеха, Кушать ему надо, думаю. [...] Я-то есть много не ем, а пьющий человек, известно, ничего не ест: ему бы только настоечки да зелена винца. Доконает он меня на питейном, подумал я, да тут же, сударь, и другое в голову пришло, и ведь как забрало меня. Да так, что вот если б Емеля ушел, так я бы жизни не рад был... Порешил же я тогда быть ему отцом-благодетелем.[79]

Dieses Beispiel zeigt, dass im Individuum eine empirische Triebfeder vorhanden ist, die sich dem Egoismus und der Boshaftigkeit – und damit der Ungerechtigkeit – entgegenstellt. Diese geht auf kein aufgestelltes moralisches Prinzip zurück, sondern ist dem Menschen so wurzelhaft wie der Egoismus. Welches Motiv nun seine Wirkung im Individuum entfaltet – ob ein egoistisches- oder mitfühlendes Motiv, dies geht aus der Beschaffenheit des jeweiligen Charakters hervor, auf den die Motive wirken. Was jedoch das Mitleid von den theoretischen Prinzipien unterscheidet, ist dessen empirischer Charakter, worauf auch Klaus-Jürgen Grün in seiner Arbeit über Schopenhauer verweist: „Verneinung der Welt – auch wenn sie sich nur höchst selten ereignet – ist ein empirisches Faktum. Und durch dieses Faktum legitimiert sich die

---

[79] Zit. nach: Dostojevskij, Fjodor M.: Rasskazy. Moskva, Berlin 2015, S. 256.

Kapitel 4

Möglichkeit von Moralphilosophie."[80]

4.3 Unrecht

Dem Obigen zufolge, liegt der Ungerechtigkeit ein Motiv zugrunde, welches aus dem Egoismus oder der Bosheit entspringt. Diesen zwei Triebfedern des Menschen kann kein moralischer Wert beigelegt werden, da hierbei das eigene Wohl zum Motiv wird, wohingegen das fremde Wohl unberücksichtigt bleibt. Diesbezüglich erst dann von moralischen Handlungen gesprochen werden kann, wenn diese in Bezug auf andere erfolgen. Dies gilt auch für die Ungerechtigkeit, welches ein Verhältnis von mehreren Beteiligten voraussetzt. In Anlehnung an Aristoteles, geht Schopenhauer von dem folgenden Grundsatz aus: *volenti non fit injuria*[81] (Dem, der es so will, geschieht kein Unrecht). Der individuelle Wille drückt sich in der jeweiligen Handlung des Individuums aus, daher sein Tun – sofern dies freiwillig geschieht – sein tatsächliches Wollen ausdrückt, diesbezüglich kein Unrecht stattfindet.[82] Die Ungerechtigkeit selbst setzt mindestens zwei Beteiligte voraus: einen Unrechtsausübenden und einen Unrechtsleidenden. Für Aristoteles ist der Unrechtsausübende ein Freund der Ungleichheit; derjenige, der „nicht immer zu viel haben [will, d. Verf.], sondern unter Umständen auch zu wenig, nämlich von dem, was an sich ein Übel ist."[83] Seinen umfangreichen Ausführung über die Ungerechtigkeit zum Trotz, ist dies die wesentlichste Aussage, welche Aristoteles uns über dieselbige liefern kann.

---

80 Zit. nach: Grün, Klaus-Jürgen: Arthur Schopenhauer. München 2000, S. 98f.
81 Zit. nach: Schopenhauer: Über die Freiheit des menschlichen Willens. Über die Grundlage der Moral. Kleinere Schriften II. Bd. VI., S. 166.
82 Ebd.
83 Zit. nach: Aristoteles: Nikomachische Ethik., S. 120.

Nun bedarf es einer tieferen Einsicht der Sache, um das Wesen des Unrechts offenzulegen. Dies obliegt vor allem der Metaphysik, vermöge derer uns zunächst die theoretische Beschaffenheit des Unrechts klar wird. Eine unrechte Handlung setzt einen Akt des Leibes voraus, welchen wir als den objektivierten, d.h. ein in die Anschauung getretenen Akt des Willens bezeichneten. Damit stellt der Akt des Unrechts eine Willensäußerung des Individuums dar. Jedes Individuum tritt als ein wollendes Individuum auf; daher Schopenhauer – im Kontext des Unrechts – von einer Bejahung des eigenen Willens ausgeht, welchen wir Selbsterhaltungstrieb nannten. „Diese Bejahung zeigt sich als Erhaltung des Leibes, mittelst Anwendung der eigenen Kräfte desselben. An sie knüpft sich unmittelbar die Befriedigung des Geschlechtstriebes, ja gehört zu ihr, sofern die Genitalien zum Leibe gehören."[84] Die eigene Willensbejahung zum Zwecke der Selbsterhaltung kann offensichtlich keine unrechte Handlung darstellen; denn diese ist allen Geschöpfen eigen. Das Unrecht tritt dort zum Vorschein, wo ein Einbruch in einen fremden Willen stattfindet. Die eigene Willenssphäre verlassend, stellt der Einbruch eine Verneinung des fremden Willens dar, welche entweder dem Egoismus oder der Bosheit entspringt. Die beteiligten Individuen – also derjenige, der das Unrecht ausführt, und der, dem das Unrecht geschieht – sind sich des Einbruchs durchaus bewusst, diesbezüglich vom gefühlten Unrecht gesprochen werden kann. *In concreto* äußert sich das Unrecht beispielsweise im Kannibalismus, welchen Schopenhauer als den „größten Widerstreites des Willens gegen sich selbst bezeichnet",[85] im Mord, in der Verletzung des fremden Leibes, der Leibeigenschaft und in der Aneignung des fremden Eigentums. Das letztere

---

84 Zit. nach: Schopenhauer: Die Welt als Wille und Vorstellung I. Zweiter Teilband. Bd. II., S. 416.
85 Zit. nach: Ebd., S. 418.

kann durch physische Einwirkung erlangt werden, oder mittelst der List – also durch die Motivation. Eine eingehende Betrachtung der jeweiligen Unrechtsformen soll im zweiten Teil der vorliegenden Arbeit geleistet werden, wo diese anhand von dichterischen Beispielen in ein klareres Licht rücken.

III. Philosophisch-literarische Abhandlung

5. Die Selbstentzweiung des Willens als Wurzel der Ungerechtigkeit und Widersprüchlichkeit des Krieges – *Четыре дня (1877)*

> *Man blinzelt den Völkern zu, der Friede sei die Beseitigung des Krieges. Indessen könne allerdings der Friede, der den Krieg beseitigt, nur durch einen Krieg gesichert werden.*[86]
> *[Martin Heidegger]*

Der Gipfel der Ungerechtigkeit – daher in der vorliegenden Arbeit als erstes zu behandeln – objektiviert sich in den kriegerischen Auseinandersetzungen, die die Menschheit in der Gegenwart vollzieht und dies auf ebensolche Weise in der Vergangenheit getan hat. Als Gipfel deshalb zu bezeichnen, weil nicht nur einzelne Individuen vernichtet werden – wie dies etwa durch Selbstmord oder Mord geschieht – sondern mitunter die gesamte menschliche Gattung. Dies ist vor allem deshalb möglich, weil der Staat, der sich vor allem den einzelnen Individuen verpflichtet, versagt. Das Versagen des Staates geht soweit, dass einzelne Individuen (Vertreter) innerhalb desselben ihre individuellen Bestrebungen (Egoismus) ausweiten und damit den Hauptzweck des Staates untergraben: die Bewahrung der Gleichheit. Die Geschichte liefert unzählige Beispiele, dass gerade dies – also der Egoismus einzelner Individuen – den Ausgangspunkt für Auseinandersetzungen bildet, die ganze Nationen – und damit eine Vielzahl unbeteiligter Bürger desselben – in die Schlacht führt. Ist dies nun als Unrecht zu bezeichnen? Eine Antwort auf diese Frage ist nur dann möglich, wenn es sich hierbei um ein einzelnes Individuum als Untersuchungs-

---
86 Zit. nach: Heidegger, Martin: Was heißt Denken? Stuttgart 1992, S. 48.

Kapitel 5

objekt handelt; denn eine Nation ist ein Sammelbegriff für unzählige Individuen, mit ebensolchen unzähligen Vorstellungen von Recht und Unrecht, daher für die Beantwortung nur bedingt geeignet. In Übereinstimmung hiermit sagt auch Schopenhauer: „Uebrigens überwiegt die Individualität bei Weitem die Nationalität, und in einem gegebenen Menschen verdient jene tausend Mal mehr Berücksichtigung, als diese."[87] Ebenso ist es unzureichend, wenn wir an dieser Stelle die Geschichte heranziehen, um uns der Problematik zu nähern, denn dieselbe besitzt nicht die Mittel, um die Empfindungen eines einzelnen Individuums zu schildern, die in seinem innern Bewusstsein liegen. Dies ist der zentrale Punkt, und Überleitung zugleich, die uns zu Garšin und seiner Novelle *Четыре дня* führt, der wir an dieser Stelle die Fähigkeit bescheinigen, uns ein authentisches Bild von einem Subjekt zu liefern, welchem Unrecht geschieht. Die Authentizität wird vor allem durch Garšins eigenes Erleben als Freiwilliger im Russisch-Türkischen Krieg 1877-78 unterstrichen. Die von Garšin favorisierte Ichform bewirkt eine unmittelbare Nähe am Leid des Individuums, dessen Schilderungen über die eigene Verwundung und die damit einsetzende Reflexion über den Krieg an dieser Stelle herangezogen wird, um der eingangs aufgeworfene Frage näher zu kommen. Wenn die Reflexion durch einen äußeren Einfluss – also die Verwundung, welche eine physische Unbeweglichkeit bewirkt – erzwungen wird, dann ist dies von besonderer Relevanz; denn der Verwundete befindet sich in einem begrenzten Raum, der – weil die Bewegung im Raum fehlt – besonders intensiv betrachtet wird: „Я лежу, кажется, на животе и вижу перед собою только маленький кусочек земли. Несколько

---

[87] Zit. nach: Schopenhauer, Arthur: Parerga und Paralipomena I. Zweiter Teilband. Aphorismen zur Lebensweisheit. Bd. VIII. Zürich 1977, S. 394.

Четыре дня (1877)

травинок, муравей, ползущий с одной из них вниз головою, какие-то кусочки сора от прошлогодней травы – вот весь мой мир".[88] Der eingeschränkte Gesichtskreis des Verwundeten bewirkt eine mehr nach innen gerichtete Betrachtung, weil es an äußeren Anlässen fehlt. Der einzige – und wesentliche äußere Einfluss für den weiteren Verlauf der Novelle – ist ein gefallener türkischer Soldat, der eine tiefgreifende Gedankenassoziation im Bewusstsein des Verwundeten bewirkt. Die sinnliche Begegnung mit dem Tod wird vom Verwundeten mit Bildern aus der Kindheit verknüpft, die von der ersten Begegnung mit demselben berichten:

> Целая картина ярко вспыхивает в моем воображении. [...] Я шел по улице, кучка народа остановила меня. Толпа стояла и молча глядела на что-то беленькое, окровавленное, жалобно визжавшее. Это была маленькая собачка; вагон конно-железной дороги переехал ее. Она умирала, вот как теперь я.[89]

Was uns hier im Verborgenen begegnet – denn über allem schwebt noch die natürliche Angst vor der individuellen Auflösung – wird sich im weiteren Verlauf der vorliegenden Arbeit in vollkommener Deutlichkeit zeigen: die Identifikation des Individuums mit anderen Lebewesen in Raum und Zeit (denn die Identifikation bezieht sich nicht nur auf die Gegenwart). Der Tod bildet einen wichtigen Anknüpfungspunkt; denn erst durch dessen Objektivierung tritt im Bewusstsein des Soldaten eine Läuterung ein – Heldentum und Vaterlandsliebe als Motive wirken nicht mehr, stattdessen offenbart sich dem Individuum das Leid, welches die Ehre – denn dies ist die Wurzel des Heldentums – verdrängt. Damit erhält das Leid eine positiven Charakter; denn erst durch dieses wird das Wesen kriegerischer Handlungen sichtbar; die Ehre ist

---
88 Zit. nach: Garšin, Vsevolod: Krasnyj cvetok. Sbornik. Moskva 2015, S. 7f.
89 Zit. nach: Ebd., S. 10.

durchaus negativ; denn, so Schopenhauer: „die Ehre ist, objektiv, die Meinung Anderer von unserm Werth, und subjektiv, unsere Furcht vor dieser Meinung."[90] Wenn Zelm – in Anlehnung an Tolstoj und Garšin – von der Unsinnigkeit des Krieges und einer zwingenden Macht spricht, die das einzelne Individuum in Anspruch nimmt und antreibt, dann handelt es sich hierbei nur um einen allgemeinen Begriff, der nichts konkretes aussagt; er ist ebenso problematisch, wie der Begriff „Gefühl". Der wahre Antrieb zu kriegerischen Handlungen auf der individuellen Ebene – sofern diese der inneren Motivation entspringen – müssen notwendigerweise im Egoismus wurzeln; denn Ehre, Heldentum oder Vaterlandsliebe und die damit verbundenen Maximen, welche der jeweiligen Nation zugrunde liegen, zielen entweder auf das eigene Wohl oder das der Nation. Damit wird deutlich, dass sich unter dem Deckmantel der Ehre, der Vaterlandsliebe oder einer Idee (Ослепленный идеею, я не видел этих слез) der Egoismus verbirgt – also eine wesentliche und notwendige Vorraussetzung des Unrechts vorliegt. Mit der aktiven Beteiligung des einzelnen Individuums an kriegerischen Auseinandersetzungen findet notwendigerweise Unrecht statt, welches zwar nicht auf den Ausübenden zutrifft – denn es gilt hier der bereits aufgeführte Grundsatz *volenti non fit injuria* – doch gilt dies sicherlich nicht für alle Beteiligten; vielmehr muss vom Gegenteil ausgegangen werden. Eben weil Krieg physische Einwirkung bedeutet, und diese nicht von allen Beteiligten gewollt wird, haben wir es hier mit ständigen gewaltsamen Willenseinbrüchen zutun. Daher ist Hobbes Einwand, dass bei dem Krieg alle gegen alle weder Gerechtigkeit noch Ungerechtigkeit existent sind,[91] weil dies ausschließliche

---

90 Zit. nach: Schopenhauer: Parerga und Paralipomena I. Zweiter Teilband. Aphorismen zur Lebensweisheit. Bd. VIII. S. 395.
91 Hobbes: Der Leviathan., S. 137.

Четыре дня (1877)

Eigenschaften des Menschen als Bürger sind, nicht nachvollziehbar; denn unabhängig davon, ob wir einen bürgerlichen Status besitzen oder nicht, bezeugt doch gerade das intuitive Fühlen des Unrechts, dass es sich hierbei um etwas Wurzelhaftes handelt, welches – den staatlichen Einrichtungen zum Trotz – allen Individuen eigen ist. Die hier vorgetragene Erkenntnisveränderung des verwundeten Soldaten ist keine aus der Luft gegriffene Behauptung, sondern findet ihre Bestätigung durch die Art der Schilderung selbst, wie die zwei nachfolgenden Textbeispiel belegen sollen:

> Помню, и я сделал несколько выстрелов, уже выйдя из лесу, на поляне. Вдруг «ура» раздалось громче, и мы сразу двинулись вперед. То есть не мы, а наши, потому что я остался. Мне это показалось странным. Еще более странным было то, что вдруг все исчезло; все крики и выстрелы смолкли. Я не слышал ничего, а видел только что-то синее; должно быть, это было небо. Потом и оно исчезло.[92]

> Передо мною лежит убитый мною человек. За что я его убил? Он лежит здесь мертвый, окровавленный. Зачем судьба пригнала его сюда? Кто он? Быть может, и у него, как у меня, есть старая мать. Долго она будет по вечерам сидеть у дверей своей убогой мазанки да поглядывать на далекий север: не идет ли ее ненаглядный сын, ее работник и кормилец?..[93]

Das erste Textbeispiel – also die Phase des Heldenmuts – gleicht mehr einem Traum, wohingegen das zweite Beispiel – die Phase des Leids – sich der Wirklichkeit nähert; denn das eigene Handeln wird in einen größeren Zusammenhang gestellt, in dem Ursache (Ehre und Vaterlandsliebe) und Wirkung (der Tod eines Menschen) gleichermaßen betrachtet werden. In Übereinstimmung hiermit spricht auch Bjalyj von einer traumartigen Darstellung des eigentlichen Gefechts, auch wenn ihm eine tiefere Einsicht in den Sachverhalt abgeht: „И первое чувство, которое возникает с первых же

---

[92] Zit. nach: Garšin: Krasnyj cvetok., S. 7.
[93] Zit. nach: Ebd., S. 11.

строк рассказа, это ощущение странности, неясности всего происходящего. Сражение показано Гаршиным как бы в какой-то дымке, как нечто отдаленное, смутное, похожее на странный сон."[94] Eine tiefere Einsicht lässt aber die folgende Interpretation zu: die kurze Phase des Heldenmuts – welche Garšin durch eine rasche Erzählfolge dem Leser vorträgt – beinhaltet einen zentralen Widerspruch, welchen Schopenhauer als den „Widerstreit des Willens" bezeichnet. Dieser Widerspruch objektiviert sich am offensichtlichsten im Krieg; denn durch denselben offenbaren sich die unterschiedlichen Bestrebungen der Individuen am deutlichsten. Als den Gipfel dieses Widerstreits betrachtet Schopenhauer den von Hobbes beschriebenen und bereits vorhin erwähnten Zustand *bellum omnium contra omnes* (der Krieg aller gegen alle). Der Phase des Leids – als solches vom Individuum negativ empfunden – lassen sich zwei positive Komponenten zuweisen: nicht nur wird durch dasselbe das Wesen des Krieges sichtbar; im Individuum stellt sich auch eine veränderte Erkenntnisweise ein, durch welche das fremde Leid betrachtet wird:

> Я не хотел этого. Я не хотел зла никому, когда шел драться. Мысль о том, что и мне придется убивать людей, как-то уходила от меня. Я представлял себе только, как я буду подставлять свою грудь под пули. И я пошел и подставил. [...] Чем же он виноват? И чем виноват я, хотя я и убил его? Чем я виноват?[95]

Die Frage nach der Schuld des einzelnen Individuums wird in der Forschungsliteratur immer wieder aufgeworfen, ohne auch nur ansatzweise einer sinnvollen Antwort näher zu kommen; denn, wenn die Quelle des Problems – also der Mensch selbst – nicht intensiv genug betrachtet wird und seine grundlegenden Triebkräfte offengelegt werden, dann scheint auch eine

---

[94] Zit. nach: Bjalyj, G. A.: V. M. Garšin. Kritiko-biografičeskij očerk. Moskva 1955, S. 18.
[95] Zit. nach: Garšin: Krasnyj cvetok., S. 11.

Четыре дня (1877)

befriedigende Beantwortung nicht möglich zu sein. Wenn im philosophischen Teil der vorliegenden Arbeit als Quelle des Unrechts der Egoismus ausgemacht wurde, dann scheint sich dies auch im Einzelnen zu bestätigen, indem wir nachweisen konnten, dass unter dem Schleier der Vaterlandsliebe, der Ideen oder des Heldentums etwas Wurzelhaftes liegt – der uns allen bekannte menschliche Egoismus.

6. (Selbst)Mord als Resultat des übersteigerten Willens zum Leben im einzelnen Individuum – *Происшествие* (1878) und *Надежда Николаевна* (1885)

Garšins 1885 veröffentlichtes Werk *Надежда Николаевна* knüpft inhaltlich an die bereits 1878 veröffentlichte kurze Novelle *Происшествие* an; in beiden Novellen befasst sich Garšin mit dem Motiv der gefallenen Frau. *Надежда Николаевна* ist sicherlich nicht deshalb als Fortsetzung von *Происшествие* anzusehen, weil sich Garšin mit der gleichen Thematik auseinandersetzt und der Hauptprotagonistin den gleichen Namen verleiht; viel wichtiger ist, dass ein kausaler Zusammenhang zwischen den beiden Novellen besteht, der – so selten dies auch in literarischen Texten geschieht – explizit zum Ausdruck kommt: „Был один, только один, который смотрел не так, как все... и не так, как вы. Но я... [...] Но я убила его..."[96] Nadežda Nikolaevna bezieht sich mit diesem Geständnis auf ein zentrales Ereignis in *Происшествие* – auf den Selbstmord eines Verehrers, der sie aus den Zwängen der Prostitution befreien wollte. Sich dieser Schuld bewusst, entfaltet dieses Ereignis – also der Selbstmord – erst in *Надежда Николаевна* seine volle Wirkung, indem das Handeln der Protagonistin erst unter Berücksichtigung von *Происшествие* vollkommen verständlich wird. Demnach ist nicht die blosse Erwähnung des Ereignisses ausschlaggebend, um von einer kausalen Verknüpfung zu sprechen, sondern wenn ein tatsächliches Ursache-Wirkung-Verhältnis besteht;[97] dies heißt: der Selbstmord in der Novelle *Происшествие* bewirkt eine veränderte Handlungsweise der Protagonistin in *Надежда Николаевна*. Ohne dies an dieser Stelle näher zu belegen – denn das soll noch im weiteren Verlauf des Kapitels geleistet

---
96 Zit. nach: Garšin: Krasnyj cvetok., S. 251.
97 Siehe hierzu: Schmid, Wolf: Elemente der Narratologie. 3., erw. und überarb. Aufl. Berlin, Boston 2014, S. 4.

werden – bildet diese kausale Verknüpfung eine zentrale Ausgangsbetrachtung, die beide Novellen als ein zusammenhängendes Gebilde auffasst, in dessen Mittelpunkt sich die Prostituierte Nadežda Nikolaevna befindet, die es zu retten gilt. In beiden Novellen geht Garšin der Frage nach, ob eine Rettung möglich ist und setzt damit bereits voraus, dass dies vom gefallenen Menschen auch selbst so gewollt wird. Auf das Motiv der Rettung geht auch Porudominskij in seiner Arbeit über Garšin ein, indem er eine eindeutige Position bezieht: „Гаршину показалось: он нашел выход для своей Надежды Николаевны. Ей нужно было сделать только шаг – из мира зла и грязи в добрый мир добрых людей. [...] Он не был найден."[98] Porudominskijs Einwand hat durchaus seine Berechtigung; denn beide Novellen enden tragisch: in *Происшествие* ist es der eben erwähnte Selbstmord eines Verehrers und in *Надежда Николаевна* gipfelt die Handlung in einem zweifachem Mord und einer Verwundung des Hauptprotagonisten, die ebenfalls zum baldigen Tod führt. In Anbetracht dessen, lässt sich die folgende Annahme formulieren: Garšins Versuch, einen gefallenen Menschen durch die Liebe zu retten, stellt eben nur einen Versuch dar; Garšin bringt dies selbst zum Ausdruck, indem er für beide Novellen einen tragischen Ausgang wählt. Die Liebe als Rettungsanker beinhaltet eine zentrale Problematik, die Garšin womöglich selbst nicht bedacht hat – sie ist im Kern egoistisch. Sie ist vor allem deshalb egoistisch, weil sie weder der Bosheit, noch dem Mitleid entspringt, sondern nur dem Egoismus. Ohne dies an dieser Stelle weiter zu vertiefen,[99] liegt dem Rettungsversuch durch die Liebe – und hierunter ist nicht die Nächstenliebe zu verstehen – ein Irrtum zugrunde; denn alle drei Verehrer (Ivan Ivanyč aus *Происшествие,* Lopatin und Bessonov aus

---

98 Zit. nach: Garšin: Krasnyj cvetok., S. 264f.
99 Siehe dazu: Schopenhauer: Die Welt als Wille und Vorstellung II. Zweiter Band. Bd. IV., S. 621.

Происшествие (1878) und *Надежда Николаевна* (1885)

Надежда Николаевна) betrachten Nadežda Nikolaevna als ein Objekt, welches es zu begehren gilt; das heißt: ihre Verbundenheit drückt sich durch das gemeinsame Wollen aus, welches auf ein Objekt gerichtet ist. Nun ist das Wollen des Ivan Ivanyč von dem Wollen Lopatins und Bessonovs durch die Zeit getrennt, wohingegen Lopatins und Bessonovs Wollen in zeitlicher und räumlicher Übereinstimmung zusammenfällt. Dies ist von besonderer Relevanz; denn erst durch das Zusammenfallen beider Größen stehen sich zwei Willensbestrebungen gegenüber, die sich – wenn sich das Wollen bis zum Übermaß steigert – notwendigerweise aufheben müssen; dies heißt: Tod. Wenn Stenborg in seiner Arbeit über Garšin von „einer ziemlich eigentümlichen Erzählart"[100] spricht und damit die zwei abwechselnd vorgeführten Ich-Personen (Lopatin und Bessonov) in *Надежда Николаевна* meint, dann drückt sich in dieser Erzählmethode Garšins Bestrebung aus, uns zwei Individuen vor Augen zu führen, deren Wollen sich von Zeile zu Zeile steigert. Das Wollen selbst modifiziert sich in beiden Protagonisten im Laufe der Novelle: Lopatin sieht in Nadežda Nikolaevna zunächst nur das Modell, wohingegen Bessonov sie als ein Lustobjekt betrachtet. Die Modifikation des Wollens tritt erst dann ein, als beiden Protagonisten bewusst wird, dass sich ihr Wollen auf ein Objekt richtet – nämlich auf Nadežda Nikolaevna. Bessonov drückt dies in seinen Aufzeichnungen folgendermaßen aus:

> Отчего я, желая спасти его, думаю больше о ней; отчего ее лицо, когда-то буйное и задорное, а теперь поникшее и кроткое, представляется моему воображению каждую минуту; отчего она, а не он, наполняет мою душу странным чувством, в котором я никак не могу разобраться и в котором преобладают недобрые чувства?

---

[100] Zit. nach: Stenborg, Lennart: Die Zeit als strukturelles Element im literarischen Werk. (mit Illustrationen aus der Novellistik V. M. Garšins). Uppsala 1975. (= Studia Slavica Upsaliensia, Bd. 16), S. 33.

Kapitel 6

Да, быть может, это правда: я не столько хочу ему сделать добро, сколько ей...[101]

Und Lopatin:

Я твердо верил, что пройдет еще полгода, год, даже два (время не пугало меня), и она, успокоенная и выздоровевшая, увидит около себя твердую опору, на которую можно положиться, и сделается моею на всю жизнь. Я даже не надеялся, я прямо знал, что она будет моей женой.[102]

Wenn Lempa in diesem Zusammenhang Lopatin als einen Erlöser betrachtet, der – Christus gleich – Mitleid für Nadežda Nikolaevna empfindet,[103] dann ist dies eine wohlgemeinte Deutung, die – so sehr dies auch mit Garšins eigenen Vorstellungen übereinstimmt – nicht dem tatsächlichen Tun Lopatins entspricht. Sein Mitleid gilt nicht Nadežda Nikolaevna, sondern dem Bösen in der Welt, welches – und dies gleicht Schopenhauer – nur durch das Mitleid zu bekämpfen ist:

Я слушал ее тяжелую исповедь и рассказ о своих бедствиях, самых страшных бедствиях, которые только может испытать женщина, и не обвинение шевелилось в моей душе, а стыд и унизительное чувство человека, считающего себя виновным в зле, о котором ему говорят. Последний эпизод ее истории наполнил меня ужасом и жалостью.[104]

Was sich hier im Ansatz andeutet, erhält in der Novelle *Красный цветок* eine tragende Bedeutung; denn das Böse wird zum eigentlichen Motiv, welches vom Protagonisten bekämpft wird. Dies bleibt Lopatin verwehrt, weil die Liebe, die er zweifellos für Nadežda Nikolaevna empfindet, ihrem Ursprung nach von egoistischer Beschaffenheit ist, daher ihr eigenes Wesen dem Bösen wenig entgegenzusetzen hat, sondern unter Umständen dasselbe gar befördert. Eben

---

101 Zit. nach: Garšin: Krasnyj cvetok., S. 253.
102 Zit. nach: Ebd., S. 260.
103 Lempa: Vsevolod Michajlovič Garšin (1855-1888). Leben und Werk im Kontext philosophischer und religiöser Strömungen in Rußland., S. 176f.
104 Zit. nach: Garšin: Krasnyj cvetok., S. 254.

Происшествие (1878) und *Надежда Николаевна* (1885)

weil Lopatin liebt, kann er kein Mitleid im christlichen Sinne für Nadežda Nikolaevna empfinden; denn dies sind zwei Triebfedern, die sich gegenseitig ausschließen – wo Mitleid anfängt, da hört Egoismus auf und umgekehrt. Lopatin und Bessonov steuern gemeinsam auf einen Punkt zu, wo sich ihr tief empfundenes Wollen (die Liebe) aufhebt; dies vollzieht Garšin mit einer derartigen Konsequenz, dass eine irdische Lösung des Problems nicht mehr zu erwarten ist: Bessonov erschießt Nadežda Nikolaevna und fügt Lopatin eine tödliche Verletzung zu, wobei er bei dem Vorhaben von Lopatin selbst getötet wird. In *Происшествие* erschießt sich Ivan Ivanyč selbst, weil er keinen anderen Ausweg sieht. Garšin kam in beiden Novellen zu keiner Lösung; vielmehr hebt er die Irrationalität hervor, die durch die Liebe entstehen kann. In diesem Sinne sagt auch Schopenhauer:

> Zwar führen viele Trauerspiele ihren gewaltig wollenden Helden zuletzt auf diesen Punkt der gänzlichen Resignation, wo dann gewöhnlich der Wille zum Leben und seine Erscheinung zugleich endigen: aber keine mir bekannte Darstellung bringt das Wesentliche jener Umwandlung so deutlich und rein von allem Nebenwerk vor die Augen, wie die erwähnte [Heldin Gretchen, d. Verf.] im »Faust«.[105]

Die hier von Schopenhauer erwähnte irdische Umwandlung bleibt den Protagonisten verwehrt, weil ein derartiges übersteigertes Wollen sich notwendigerweise selbst aufheben muss; dies heißt: Vernichtung der Individualität. Eben weil keine irdische Lösung – und dies hebt Garšin deutlich hervor – zu erwarten ist, verweist Lopatin auf das Jenseits:

> Но для человеческой совести нет писаных законов, нет учения о невменяемости, и я несу за свое преступление казнь. Мне недолго уже нести ее. Скоро господь простит меня, и мы встретимся все трое там, где наши страсти и страдания

---
[105] Zit. nach: Schopenhauer: Die Welt als Wille und Vorstellung I. Zweiter Teilband. Bd. II., S. 486.

Kapitel 6

покажутся нам ничтожными и потонут в свете вечной любви.[106]

Im Zustand tiefer irdischer Resignation wird Lopatin intuitiv bewusst, dass Wollen (Lieben) und Ungerechtigkeit zusammenfallen; denn die Beschaffenheit der Welt – also des Seienden – lässt – sofern das Individuum dem Wollen unterliegt – nichts anderes zu. Im weiteren Verlauf der Arbeit wird sich noch zeigen, dass Garšin bereits vor dem Verfassen von *Надежда Николаевна* einen irdischen Weg gefunden hat, das Individuum vom Wollen – und damit vom potentiellen Unrecht – zu befreien.

---

106 Zit. nach: Garšin: Krasnyj cvetok., S. 270.

7. Vergeltung des Bösen mit Bösem – *Сигнал* (1887)

Schopenhauers vielzitierter Ausspruch „Die Welt ist meine Vorstellung"[107] besagt, dass diese Welt (und alle Objekte, die sich darin befinden) eine vom Subjekt (also dem Menschen) konstruierte sei, das heißt: jeder hat eine subjektive Vorstellung von der Welt, da die Beschaffenheit der Subjekte – und hier vor allem die Auffassungsgabe derselben – unterschiedlich ausfällt. Beides – sowohl verstandesmäßige Konstruktion und Urteilsfähigkeit – unterscheiden sich in jedem Menschen, wir daher mit den unterschiedlichsten Meinungen, Betrachtungen und Handlungen konfrontiert werden. Dies ist an dieser Stelle deshalb erwähnenswert, weil Garšin in seiner Novelle *Сигнал* zwei Protagonisten gegenüberstellt, die zwei unterschiedliche Vorstellungen von der Welt in sich vereinen. Beide Protagonisten – und dies ist ihre einzige Gemeinsamkeit – arbeiten als Bahnwärter an einer entlegenen Eisenbahnstrecke. Bei einem routinemäßigen Streckengang begegnen sich beide Bahnwärter und kommen ins Gespräch; das Thema: die Ungerechtigkeit des Daseins. Semen Ivanov – der ältere von den beiden – verkörpert die Demut, wohingegen Vasilij – vom Erzähler als jung, mager und sehnig beschrieben – den Stolz in sich vereint. Beide Protagonisten betrachten die Ungerechtigkeit aus unterschiedlichen Perspektiven; Semen Ivanov argumentiert durch Gott, wohingegen Vasilij dessen Unterwürfigkeit kritisiert und den Menschen als Urheber aller Ungerechtigkeit dieser Welt betrachtet:

> Немало [...] я горя на своем веку принял, а веку моего не бог весть сколько. Не дал бог счастья. Уж кому какую талан-судьбу господь даст, так уж и есть. Так-то, братец, Василий Степаныч. [...] Не талан-судьба нас с тобою век заедает, а люди. Нету на свете зверя хищнее и злее человека. Волк волка не ест, а человек человека

---

107 Siehe oben: S. 17.

Kapitel 7

живьем съедает.[108]

Beiden Perspektiven liegt die Annahme zugrunde, dass die Ungerechtigkeit tatsächlich existent sei; nicht um das Ob geht es, sondern um das Warum. Nun lässt sich durch Gott – wie dies in der Einleitung bereits erwähnt wurde – nichts denken; es ist eine unbekannte Größe, die uns vom Bekannten – also dem Unrecht – noch weiter entfernt. Der Stolz stellt dagegen eine jedem bekannte Größe dar, die uns näher steht als jede Gottheit; denn ist dieser verletzt, macht sich dies unmittelbar bemerkbar, eben weil „Stolz die von innen ausgehende, folglich direkte Hochschätzung seiner selbst"[109] ist. Diese individuelle Hochschätzung seiner selbst ist durchaus höher zu bewerten, als der Nationalstolz, der – wie bereits in der Novelle *Четыре дня* erwähnt – auf allgemeinen Begriffen beruht. Das Allgemeine verliert vor allem dort an wert, wo sich das unmittelbare Gefühl äußert – also auf der individuellen Ebene. Dies ist auch bei Vasilij der Fall, dessen Stolz auf zweierlei Art verletzt wird: physischer Einbruch (Ohrfeige) und existenzielle Bedrohung. Den Lohn, den Vasilij als Bahnwärter erhält, ist derartig niedrig, dass er gezwungen ist einen Gemüsegarten anzulegen, um seine Existenz zu sichern. Dies wird jedoch von staatlicher Seite abgelehnt, worauf Vasilij eine Beschwerde einlegt, die ihm eine Ohrfeige einbringt. Schön betrachtet Vasilij als einen sozial-revolutionären Jugendlichen, der gegen die bestehende Ordnung aktiv vorgeht: „Soziale Frustration schlägt in Aggression um, durch die er blindlings den gefährdet, für den er sich einsetzt, den einfachen Menschen."[110] So sehr dies auch stimmen

---
108 Zit. nach: Garšin: Krasnyj cvetok., S. 272f.
109 Zit. nach: Schopenhauer: Parerga und Paralipomena I. Zweiter Teilband. Aphorismen zur Lebensweisheit. Bd. VIII., S. 392.
110 Zit. nach: Schön: Die dichterische Symbolik V. M. Garšins., S. 70.

Сигнал (1887)

mag, liegt dem Ganzen doch eine tiefere Kränkung zugrunde, die wir – in Anlehnung an Schopenhauer – im philosophischen Teil der vorliegenden Arbeit als Willenseinbruch bezeichneten, dessen sich das Individuum intuitiv bewusst wird, wenn eine Grenze – in diesem Fall der Stolz – überschritten wird. Da Vasilijs berechtigter Protest gegen den Staat, der eigentlich das Individuum von der Ungleichheit schützen soll, keine Wirkung erzielt, und der Einbruch weiterhin besteht, sieht Vasilij nur noch die Rache als ein adäquates Mittel an, um sich von diesem Einbruch zu befreien; dies heißt in diesem Fall: seinen Stolz wiedererlangen. Nun liegt gerade der Rache eine zentrale Problematik zugrunde, die Schopenhauer folgendermaßen bewertet:

> Alle Vergeltung des Unrechts durch Zufügung eines Schmerzes, ohne Zweck für die Zukunft, ist Rache, und kann keinen andern Zweck haben, als durch den Anblick des fremden Leidens, welches man selbst verursacht hat, sich über das selbst erlittene zu trösten. Solches ist Bosheit und Grausamkeit, und ethisch nicht zu rechtfertigen. Unrecht, das mir Jemand zugefügt, befugt mich keineswegs ihm Unrecht zuzufügen.[111]

Dies gilt erst recht, wenn die Rache nicht gegen den Verursacher des Unrechts gerichtet ist, sondern willkürlich vollzogen wird, wie dies in der vorliegenden Novelle *Сигнал* geschieht: Vasilij fasst den grausamen Entschluss, die Schienen zu lockern, um den heranfahrenden Personenzug zum Entgleisen zu bringen. Damit wird der Unrechtsleidende zum Unrechtsausübenden und dies in einem übersteigerten Maße; denn die eigene Kränkung soll durch die Vernichtung mehrerer unbeteiligter Individuen kompensiert werden. Der augenscheinliche Widerspruch, der sich hier offenbart, zeigt, dass der Mensch beide Elemente in sich vereint: das Fühlen des Unrechts und – wenn dies notwendig zu sein scheint

---

[111] Zit. nach: Schopenhauer: Die Welt als Wille und Vorstellung I. Zweiter Teilband. Bd. II., S. 433.

– das Ausführen desselben. Weder das Individuum, noch die Umstände, die ihn zu einer derartigen Handlung bewegen, sind zu verurteilen, sondern beide zusammen. Eben wie die Welt erst durch die Betrachtung des Subjekts und des Objekts ihre Vollkommenheit zum Ausdruck bringt; so ist das Verstehen derartiger Begebenheit erst durch die Verschmelzung beider Betrachtungsweisen – also der subjektiven und der objektiven Welt – möglich. Die Rache ist nicht nur deswegen abzulehnen, weil sie das Unrecht vergrößert, sondern auch, weil der Zweck für die Zukunft nicht gegeben ist; denn, so Schopenhauer: „Das Gesetz [...] und die Vollziehung desselben, die Strafe, sind wesentlich auf die Zukunft gerichtet, nicht auf die Vergangenheit. Dies unterscheidet Strafe von Rache, welche letztere lediglich durch das Geschehene, also das Vergangene als solches, motiviert ist."[112] Dieser ethischen Einschätzung lässt sich allerdings noch eine metaphysische Betrachtungsweise des Sachverhalts gegenüberstellen, welche die Zeit und den Raum aus der Betrachtung eliminiert – es geht hierbei vor allem um die ewige Gerechtigkeit, die sich von der zeitlichen Gerechtigkeit – also dem Staat – grundlegend unterscheidet; Schopenhauer dazu:

> Ganz anders [im Vergleich zu der zeitlichen Gerechtigkeit des Staates, d. Verf.] aber ist es mit der ewigen Gerechtigkeit, [...] welche nicht den Staat, sondern die Welt beherrscht, nicht von menschlichen Einrichtungen abhängig, nicht dem Zufall und der Täuschung unterworfen, nicht unsicher, schwankend und irrend, sondern unfehlbar, fest und sicher ist.[113]

Der metaphysischen Betrachtung nach, liegt allen Individuen derselbe Wille zugrunde, daher jeder den Willen zum Leben und Existieren gleichermaßen in sich vereint. Wenn dies nun tatsächlich der Fall ist, dann lässt sich nicht Gott für

---
112 Zit. nach: Ebd.
113 Zit. nach: Ebd., S. 436.

Сигнал (1887)

die Beschaffenheit dieser Welt verantwortlich machen, sondern jedes einzelne Individuum, welches ins Dasein gelangt. Was sich hier andeutet, soll im weiteren Verlauf der Arbeit noch näher betrachtet werden; denn wird sich noch in aller Deutlichkeit zeigen, dass Garšin dieser Problematik – also der ewigen Gerechtigkeit – näher steht, als dies zunächst zu vermuten wäre. In *Сигнал* stellt Garšin dem unrechtsausübenden Vasilij Semen Ivanov gegenüber, der sich selbst aufopfert, um ein Entgleisen des Personenzuges zu verhindern: „Ударил себя ножом в левую руку повыше локтя, брызнула кровь, полила горячей струей; намочил он в ней свой платок, расправил, растянул, навязал на палку и выставил свой красный флаг."[114] Bezeugt doch diese Handlung, dass eine Verbundenheit zwischen den Individuen besteht, welche nur durch eine metaphysische Betrachtung zu erklären ist. Dass dies in den bisherigen Betrachtungen nicht erkannt wurde, ist zum einen der tiefen Bedeutung der Werke Garšins geschuldet, welche nicht jedem zugänglich sind, zum anderen der teilweisen oberflächlichen Betrachtung derselben durch die Forschung. Zwar sagt Bjalyj ganz richtig, dass die Selbstaufopferung Semen Ivanovs deutlich heraussticht: „Здесь опять громко звучит гаршинский мотив героизма и самопожертвования."[115] Doch ist dies eine Vorbedingung, die uns zu der folgenden Aussage bewegt: der Mensch ist notwendige Bedingung und Akteur zugleich, der Unrecht schafft und erleidet; beides entspringt dem gleichen Willen, der leidet und genießt. Semen Ivanovs Selbstaufopferung stellt bereits einen übermenschlichen Vorgang dar, weil die eigene Individualität aufgegeben wird, um andere Individuen zu retten. Den Wert dieser Handlung erkennt auch

---
114 Zit. nach: Garšin: Krasnyj cvetok., S. 278.
115 Zit. nach: Bjalyj: V. M. Garšin. Kritiko-biografičeskij očerk., S. 86.

Kapitel 7

Vasilij an; denn er greift selbst nach der blutigen Flagge, um den Zug zu stoppen. In Anbetracht des blutüberströmten Semen Ivanov, der das Bewusstsein verloren hat, entschließt sich Vasilij zu einer Umkehrung, die für Semen Ivanov zu spät kommt.

8. Das Unrecht als Motiv in der bildenden Kunst – *Художники* (1879)

> *Я вижу, как я сам, другой я сам,*
> *замахивается молотом, чтобы*
> *нанести неистовый удар.*[116]
> *[Vsevolod M. Garšin]*

In der Tagebuchnovelle *Художники* aus dem Jahr 1879 stellt Garšin zwei Künstler gegenüber, die unterschiedliche Kunstauffassungen vertreten. Rjabinin ist der Auffassung, dass die Malerei immer einen Bezug zur Gesellschaft und den sich darin befindlichen sozialen Missstände herstellen muss, wohingegen Dedov – als Vertreter der Romantik – die Wendung *L'art pour l'art* vertritt. Wohlgefallen beim Publikum erregen, die Schönheit der Natur erfassen; dies sind Motive, die seinem künstlerischen Schaffensprozess zugrunde liegen. Die Schönheit der Natur wird da eingefangen, wo sie für das menschliche Auge zur vollen Sichtbarkeit gelangt: idyllische Sonnenaufgänge, Winter- und Frühlingslandschaften, der mit Wolken beladene Himmel. Der Puškinschen Poesie gleich, trägt sein aktuelles Projekt den Namen *Майское утро*: „Чуть колышется вода в пруде, ивы склонили на него свои ветви; восток загорается; мелкие перистые облачка окрасились в розовый цвет. Женская фигурка идет с крутого берега с ведром за водой, спугивая стаю уток."[117] Der Mensch erhält in seinen Bildern nur insofern eine Daseinsberechtigung, als die Schönheit desselben in Komposition und Einklang mit der Natur steht. Die Natur und der Mensch befinden sich damit auf derselben ästhetischen Ebene, welche – so Dedov – es nur zu betrachten gilt. Es ist die Welt der Vorstellung,

---

116 Zit. nach: Garšin: Krasnyj cvetok., S. 90.
117 Zit. nach: Ebd., S. 84.

Kapitel 8

die ihn in seinem Schaffensprozess leitet, weshalb er vor allem an der Form ein großes Interesse findet. Dieses ganz auf Erfahrung beruhende Vorgehen widerspricht dem Schopenhauerschen Kunstverständnis, welches besagt: „Rein *a posteriori* und aus bloßer Erfahrung ist gar keine Erkenntniß des Schönen möglich: sie ist immer, wenigstens zum Theil, *a priori,* wiewohl von ganz anderer Art, als die uns *a priori* bewußten Gestaltungen des Satzes vom Grunde."[118] Die erkenntnistheoretische Sichtweise bestätigend, weist Garšin seinem Helden nicht zufällig einen Ingenieurberuf zu – also eine Tätigkeit, in der die Gesetzmäßigkeiten der vorstellenden Welt herrschen. In Anbetracht der dargelegten Argumentation kommen wir an dieser Stelle zum folgenden Ergebnis: Eine ganz an die vorstellende Welt gebundene Malerei, die sich dem Schönen verpflichtet, kann kein Unrecht beinhalten, da das Wesen desselben eine tiefere Einsicht *a priori* bedarf. Das Unrecht als Motiv in der Malerei setzt dementsprechend neben der aposteriorischen Betrachtungsweise, eine apriorische voraus, die nicht nur die Form betrachtet, sondern auch die Substanz erfasst – es ist die Frage nach dem Was, die es zu beantworten gilt. Das Was lässt sich allerdings nur beantworten, wenn das abzubildende Motiv – in diesem Fall der Mensch – in seiner ganzen Objektivation erfasst wird: „Thier und Mensch bedürfen zur vollständigen Offenbarung des in ihnen erscheinenden Willens noch eine Reihe von Handlungen, wodurch jene Erscheinung in ihnen eine unmittelbare Beziehung auf die Zeit erhält."[119] Der Dedovschen Kunstauffassung fehlt demnach die zeitliche Dimension, was dieser auch zum

---

118 Zit. nach: Schopenhauer: Die Welt als Wille und Vorstellung I. Erster Teilband. Bd. I., S. 282.
119 Zit. nach: Ebd., S. 284.

Художники (1879)

Ausdruck bringt: „Такая досада! Терпеть не могу, когда натура шевелится."[120] Latynina bewertet dies folgendermaßen: „Уже по отношению к натуре ясно: Дедов сторонник мертвого, отжившего в искусстве."[121] Im Gegensatz zu Dedov, der die zeitliche Dimension in seiner Malerei außer Acht lässt, ist aus den Tagebucheinträgen Rjabinins zu entnehmen, dass die Darstellung des unbeweglichen Motivs im Raum seinem Verständnis von der Kunst widerspricht. Dies geht vor allem aus dem ersten Tagebucheintrag Rjabinins hervor, der uns von einer Szene aus der Kunstakademie berichtet:

> Передо мною стоит в натянутом положении старик Тарас, натурщик, которому профессор Н. велел положить «рука на галава», потому что это «ошен классишеский поза»; вокруг меня – целая толпа товарищей, так же, как и я, сидящих перед мольбертами с палитрами и кистями в руках. [...] Через пять минут все снова усаживаются на места, Тарас влезает на пьедестал, кладет руку на голову, и мы мажем, мажем... И так каждый день. Скучно, не правда ли?[122]

Der menschliche Körper als reine Erscheinung im Raum hat auf Rjabinin keine inspirierende Wirkung, vielmehr ist er auf der Suche nach dem eben erwähnten Was in der Kunst: Welche Bedeutung hat die Kunst? Welchen Einfluss hat sie auf den Menschen? Hat sie überhaupt einen Einfluss? Dies sind die Fragen, die in Russland in den 1870er und 1880er Jahren an die Kunst – worunter auch die Literatur fällt – gestellt wurden. Rjabinin kann in seinem Kunstverständnis der Gruppe der *Передвижники* zugeordnet werden, die sich für eine Kunstrichtung einsetzten, die soziale und gesellschaftliche Motive zum Inhalt hatten. Der Malerei kam dabei eine besondere Bedeutung zu, wie Peter Henry in seinem Kapitel *Garshin and the Artists* deutlich macht: „In a country with an illiteracy

---
120 Zit. nach: Garšin: Krasnyj cvetok., S. 77.
121 Zit. nach: Latynina, A: Vsevolod Garšin. Tvorčestvo i sud'ba. Moskva 1986, S. 123.
122 Zit. nach: Garšin: Krasnyj cvetok., S. 78.

Kapitel 8

rate of over 80%, the 'masses' could, in theory at least, be more easily reached by art than by the printed word; and inevitably art was not subject to the same degree of control as literature and the press."[123] Soziale Ungerechtigkeit unterschiedlichster Ausprägung wird zum Motiv in der bildenden Kunst, und damit rückt der Mensch als Akteur ins Zentrum einer künstlerischen Betrachtung. Eine derartige Betrachtung des Menschen – also den Willen auf seiner höchsten Objektivationsstufe – erfordert ein Subjekt der reinen Erkenntnis, welches das Unvergängliche – also die Idee – im Vergänglichen – also dem physischen Leib – betrachtet. Wenn Schopenhauer in diesem Zusammenhang von Vertiefung und Verlorenheit des Künstlers spricht, dann handelt es sich hierbei um den Verlust der Subjektivität, die der objektiven Betrachtung weicht. Scheint doch Rjabinin dies zu meinen, wenn er sagt:

> Несколько времени полного забвения: ушел бы в картину, как в монастырь, думал бы только о ней одной. Вопросы: куда? зачем? во время работы исчезают; в голове одна мысль, одна цель, и приведение ее в исполнение доставляет наслаждение. Картина – мир, в котором живешь и перед которым отвечаешь."[124]

Im Zustand tiefer Betrachtung der Idee, und Wiedergabe derselben im Kunstwerk, findet Rjabinin die Befriedung, die ihm im alltäglichen Leben verwehrt bleibt: „Вечером, когда сумерки прервут работу, вернешься в жизнь и снова слышишь вечный вопрос: «зачем?», не дающий уснуть, заставляющий ворочаться на постели в жару, смотреть в темноту, как будто бы где-нибудь в ней написан ответ."[125] Die Fragen nach dem Warum, dem Wie, dem Wozu setzen immer einen Fragenden voraus, der in Relation zu

---
123 Zit. nach: Henry, Peter: A Hamlet of his Time. Vsevolod Garshin. The Man, his Works, and his Milieu. Oxford 1983, S. 180.
124 Zit. nach: Garšin: Krasnyj cvetok., S. 78.
125 Zit. nach: Ebd.

Художники (1879)

anderen Objekten in Zeit und Raum steht – es ist die Kette der Ursachen und Wirkungen, die sich für Rjabinin zu erkennen gibt. Auf der Suche nach dem Was – also der Idee, die nicht dem Satze vom Grunde unterworfen ist – wird Rjabinin dort fündig, wo der Wille zu seiner vollen Objektivation gelangt – einem hart arbeitenden Individuum, dem *глухарь*:

> Сегодня мы поехали на завод и осмотрели все. Видели и глухаря. Он сидел, согнувшись в комок, в углу котла и подставлял свою грудь под удары молота. Я смотрел на него полчаса; в эти полчаса молот поднялся и опустился сотни раз. Глухарь корчился. Я его напишу.[126]

Der hart arbeitende Mensch war ein beliebtes Motiv unter den Mitgliedern der *Передвижники*; denn in diesem objektiviert sich die Realität auf eine Weise, die im vollkommenen Gegensatz zu der Schönheit der Natur steht. Das einzelne Individuum wird zu einem Repräsentanten einer ganzen Gesellschaftsschicht, der Unrecht widerfährt – es ist die aristotelische Ungleichheit, die sich hier offenbart. Bilder wie Ilja Repins *Бурлаки на Волге* (1873) oder Nikolaj Kasatkins *Сбор угля бедными на отработанной шахте* (1894) beinhalten nicht nur eine sozialkritische Botschaft; dem Betrachter wird hier die eigentliche Beschaffenheit der Welt vor Augen geführt, wie sie dem Künstler erschienen ist, oder, wie es Schopenhauer ausdrückt:

> Es ist der Widerstreit des Willens mit sich selbst, welcher hier, auf der höchsten Stufe seiner Objektivität, am vollständigsten Entfaltet, furchtbar, hervortritt. Am Leiden der Menschheit wird er sichtbar, welches nun herbeigeführt wird, theils durch Zufall und Irrthum, [...] theils geht er aus der Menschheit selbst hervor, durch die sich kreuzenden Willensbestrebungen der Individuen, durch die Bosheit und Verkehrtheit der Meisten.[127]

---

126 Zit. nach: Ebd., S. 83f.
127 Zit. nach: Schopenhauer: Die Welt als Wille und Vorstellung I. Erster Teilband. Bd. I., S. 318.

Kapitel 8

Dem Individuum – als solches dem *principium individuationis* unterworfen – bleibt eine derartige Sichtweise verwehrt, da es die einzelne Erscheinung betrachtet und nicht das Ganze im Einzelnen, welches für Schopenhauer eben der Wille ist. Die tiefe Einsicht in die Beschaffenheit der Welt, welche Rjabinin durch sein eigenes Kunstwerk erlangt, offenbart sich in einer derartigen Klarheit, dass der Betrachter vor seinem eigenen Kunstwerk zurückschreckt – der Widerstreit des Willens tritt in die anschauende Welt:

> Работа совершенно измучила меня, хотя идет успешно. Следовало бы сказать не хотя, а тем более, что идет успешно. Чем ближе она подвигается к концу, тем все страшнее и страшнее кажется мне то, что я написал. И кажется мне еще, что это – моя последняя картина.[128]

Die vorhin dargelegte Argumentationskette, die sich der Schopenhauerschen Metaphysik als Unterbau bedient, findet ihre Bestätigung in Rjabinins seelischer Gemütsverfassung – das fremde Leid wird zu dem Seinigen:

> И я сижу перед своей картиной, и на меня она действует. Смотришь и не можешь оторваться, чувствуешь за эту измученную фигуру. Иногда мне даже слышатся удары молота... [...] Полотно покрыло мольберт с картиной, а я все сижу перед ним, думая все о том же неопределенном и страшном, что так мучит меня.[129]

Die Betrachtung der eigentümlichen Idee, welche sich im *глухарь* offenbart, fängt da an, wo die eigene Individualität aufhört. Rjabinin steht damit im diametralen Gegensatz zu Dedov, der als wollendes Individuum zu betrachten ist, dessen Wollen stets auf Objekte gerichtet ist, die in der äußeren Welt liegen: „Неужели я не получу, наконец, того, к чему стремится каждый ученик академии, – золотой медали?"[130] Ist dies nicht der Ausdruck eines

---
128 Zit. nach: Garšin: Krasnyj cvetok., S. 85.
129 Zit. nach: Ebd., S. 86.
130 Zit. nach: Ebd., S. 88.

Художники (1879)

Individuums, welches vor allem dem Wollen unterliegt; für den die Kunst nur noch ein Mittel darstellt, mit Hilfe derselben die äußeren Bestrebungen einen Vorrang erhalten? Ideenschau und Wollen schließen aber einander aus; weshalb Dedov an dieser Stelle nur eingeschränkt als Künstler zu betrachten ist. Rjabinin findet dagegen nur im eigentlichen Schaffensprozess die erhoffte Erlösung; denn das Leben ist für ihn eine Qual. Schopenhauer äußert sich folgendermaßen:

> Ihn [den Künstler, d. Verf.] fesselt die Betrachtung des Schauspiels der Objektivation des Willens: bei demselben bleibt er stehn, wird nicht müde es zu betrachten und darstellend zu wiederholen, und trägt derweilen selbst die Kosten der Aufführung jenes Schauspiels, d.h. ist ja selbst der Wille, der sich objektivirt und in stetem Leiden bleibt.[131]

Auch Rjabinin zahlt den Preis für eine derart tiefe Einsicht in die Beschaffenheit der Welt; sein seelischer und körperlicher Zustand verschlechtert sich. Fiebernd im Bett liegend, offenbart sich Rjabinin der Wille, der allen Individuen zugrunde liegt:

> Целая толпа бьет, кто чем попало. Тут все мои знакомые с остервенелыми лицами колотят молотками, ломами, палками, кулаками это существо, которому я не прибрал названия. Я знаю, что это - все он же... Я кидаюсь вперед, хочу крикнуть: «перестаньте! за что?» – и вдруг вижу бледное, искаженное, необыкновенно страшное лицо, страшное потому, что это – мое собственное лицо. Я вижу, как я сам, другой я сам, замахивается молотом, чтобы нанести неистовый удар.[132]

Rjabinin fasst schließlich den Entschluss, mit der Malerei aufzuhören – er legt eine Aufnahmeprüfung für den Lehrerberuf ab. Lempa betrachtet dies als Läuterung, in der Rjabinin zum Bewusstsein gelangt, dass die Malerei ein Verrat an den Dargestellten sei. Ohne eine nachvollziehbare Argumentationskette

---

131 Zit. nach: Schopenhauer: Die Welt als Wille und Vorstellung I. Erster Teilband. Bd. I., S. 335.
132 Zit. nach: Garšin: Krasnyj cvetok., S. 90.

Kapitel 8

vorzulegen, die eine derartige Behauptung untermauert, fügt Lempa die folgende Schlussbemerkung hinzu: „Rjabinin [...] erlebt diese Läuterung mit der Erkenntnis, nicht das Potential eines Künstlers zu besitzen, ein wahres und schöpferisches Kunstwerk zu schaffen."[133] Damit widerspricht Lempa der vorhin dargelegten Behauptung, dass gerade Rjabinin in sich die Fähigkeit vereint, ein Kunstwerk zu schaffen, welches das wahre Wesen der Welt zum Vorschein bringt. Das menschliche Leid – als der Gipfel des Widerstreits des Willens auf seiner höchsten Stufe – setzt im Künstler die tiefste Einsicht voraus; damit ist der Gipfelpunkt in der Kunst erreicht – die Erkennbarkeit des Willens.

---

133 Zit. nach: Lempa: Vsevolod Michajlovič Garšin (1855-1888)., S. 138.

9. Die Selbsterkenntnis des egoistischen Willens oder die Aufhebung des *principium individuationis* – *Ночь* (1880) und *Красный цветок* (1883)

> *Мне его жалко стало, и я заплакал.*[134]
> *[Vsevolod M. Garšin]*

In der Erzählung *Ночь* aus dem Jahr 1880 gewährt uns Garšin einen unmittelbaren Einblick in das Bewusstsein eines Menschen mit dem Namen Aleksej Petrovič, der beschlossen hat, sein Leben in der gegenwärtigen Nacht zu beenden. Garšin macht in dieser Erzählung von seiner Freiheit als Dichter gebrauch, das subjektive Bewusstsein einer dritten Person auf fiktionaler Ebene darzustellen. Dies ist von besonderer Bedeutung; denn dem Leser wird seitens des Dichters die Möglichkeit geboten, sich von der vorstellenden Welt zu lösen und in eine fremde Subjektivität einzutauchen, dessen Wesen sich unserer Erfahrung entzieht, sofern es sich nicht um unsere eigene Subjektivität handelt. Vermöge der epischen Fiktion, wird das fremde Subjekt – als das erkennende Elemente in uns – zum Objekt; denn die Erkennbarkeit seelischer Regungen wird in der äußeren Welt erst durch tatsächliche Handlungen wahrgenommen. Wenn die fremde Subjektivität – in diesem Fall die des Aleksej Petrovič – in den Vordergrund rückt, dann beinhaltet dies zum einen eine Erzählweise, die durchaus auf das Eingehen spezifischer Handlungen – die beispielsweise in der Vergangenheit des Helden stattfanden – verzichtet; denn diese sind dem Individuum selbst bekannt; er dieselbigen nicht zum Gegenstand einer näheren Untersuchung macht. Zum anderen unterliegt die personale Erzählsituation – die uns in *Ночь* ebenfalls begegnet – gewissen Einschränkungen in Bezug auf Zeit, Raum und Geschehen, über die vor allem der auktoriale Erzähler frei verfügen

---
134 Zit. nach: Garšin: Krasnyj cvetok., S. 107.

Kapitel 9

kann. Garšin wählt in *Ночь* eine für ihn typische Erzählweise, die uns von der kausalen Welt der empirischen Vorstellungen – unterworfenen dem Satze vom zureichenden Grunde – löst und uns eine Welt offenbart, in der sich das Subjekt als ein Wollendes betrachtet – es ist die Welt des Willens, die sich uns durch die subjektive Erzählweise zu erkennen gibt. Nun ergibt sich für Schopenhauer gerade aus dem individuellen Wollen – sofern dieses durch Akte in Raum und Zeit vollzogen wird – die Beschaffenheit des empirischen Charakters, den er als etwas unveränderliches betrachtet. Die von Garšin gewählte Erzählsituation unterliegt gewissen Einschränkungen, die das Handeln des Aleksej Petrovič nicht direkt zum Vorschein bringen. Ohne zeit und raumfüllende Akte, die das zurückliegende Leben des Aleksej Petrovič – und damit seinen empirischen Charakter – offenlegen, entzieht sich der Held einer Bewertung seitens des Lesers. Uns verbleiben vor allem unmittelbare Bewusstseinsschilderungen:

> Он думал, что видел всю свою жизнь; он вспомнил ряд безобразных и мрачных картин, действующим лицом которых был сам; вспомнил всю грязь своей жизни, перевернул всю грязь своей души, не нашел в ней ни одной чистой и светлой частицы и был уверен, что, кроме грязи, в его душе ничего не осталось.[135]

Von der Überzeugung getrieben, dass erst durch den Selbstmord die erhoffte Erlösung eintritt, entschließt sich Aleksej Petrovič der Nachwelt einen Abschiedsbrief zu hinterlassen, in dem er dem Leser noch einmal einen Einblick in seine Innenwelt gewährt:

> Жизнь есть сплошная ложь; что люди, которых он любил, – если только он действительно любил кого-нибудь, а не притворялся перед самим собой, что любит, – не в состоянии удержать его жить, потому что «выдохлись». Да и не выдохлись, «нечему было выдыхаться», а просто потеряли для него интерес, раз он понял их. Что он понял и себя, понял, что и в нем, кроме лжи, ничего нет и не было; что если он сделал что-нибудь в своей жизни, то не из желания добра, а из

---
135 Zit. nach: Garšin: Krasnyj cvetok., S. 95.

Ночь (1880) und *Красный цветок* (1883)

тщеславия; что он не делал злых и нечестных поступков не по неимению злых качеств, а из малодушного страха перед людьми.[136]

Wenn Aleksej Petrovič an dieser Stelle von *тщеславие* – also „Selbstgefälligkeit" oder „Eitelkeit" – spricht, dann meint er in diesem Zusammenhang nicht nur seine eigene Person, sondern die Menschheit im Gesamten – jeder Handlung liegt eine Lüge zugrunde, die er nun zu erkennen vermag. Für Bjalyj ist dies die Phase, in dem das Scheitern des Individuums zum Vorschein kommt – die Tragödie des Individualismus: „Алексея Петровича не удовлетворяет вся его жизнь, оснаванная на эгоизме, на угождении себе и, что самое существенное, на отсутсвии каких бы то ни было твердых убеждений [...] Все многообразие мира тускнеет, человек остается наедине с собой."[137] Wenn der besagte Egoismus im Helden zum Objekt der Untersuchung wird, tritt in diesem ein Vorgang ein, der eine Spaltung bewirkt, die Garšin durch den Gebrauch der Stimmen auf fiktionaler Ebene verdeutlicht:

> Первый голос его души, самый ясный, бичевал его определенными, даже красивыми фразами. Второй голос, неясный, но привязчивый и настойчивый, иногда заглушал первый. «Не казнись, – говорил он, – зачем? Лучше обманывай до конца, обмани всех». [...] Был еще третий голос, тот самый, что спрашивал: «полно, не было ли?», – но этот голос говорил робко и едва слышно.[138]

Aleksej Petrovič erblickt seinen empirischen Charakter, der in erster Linie für egoistische Motive empfänglich war, daher an den Handlungen derselbe egoistische Anstrich haftet, der das eigene Wohl bejaht, und das fremde Wohl verneint, welches der aristotelischen Gleichheitslehre widerspricht. Ist dies dem reflektierenden Individuum bewusst – und dies scheint bei unserem Helden der

---

136 Zit. nach: Ebd., S. 103.
137 Zit. nach: Bjalyj: V. M. Garšin. Kritiko-biografičeskij očerk., S. 41.
138 Zit. nach: Garšin: Krasnyj cvetok., S. 97.

Kapitel 9

Fall zu sein – erfolgt eine Verneinung des eigenen Ichs, welches mitunter im vollzogenen Selbstmord seinen Höhepunkt finden kann. Die Annahme Schöns, dass der innere Konflikt des Protagonisten Aleksej Petrovič „aus dem ‚Gefühl' und Bewußtsein des ‚Andersseins'"[139] erwache, und der einsetzende Denkprozess eine Isolation des Helden nach sich ziehe, ist nicht nachvollziehbar. Der Protagonist befand sich vielmehr bereits vor dem Konflikt in einer Isolation, welche erst durch denselben zur vollen Sichtbarkeit gelangt. Das eigene egoistische Treiben, welches die eigentliche Isolation[140] bewirkte, wird durch den Denkprozess des Individuums aufgedeckt. Dies ist der Einblick, den uns Garšin in seinem Werk gewährt. Zwar unterliegt der Eintritt des Konflikts einer inneren Notwendigkeit, und – so Gerigk – der Protagonist gegen seine Funktion rebelliert, doch beinhaltet eine derartige innere Rebellion keine dauerhafte Besserung des Protagonisten, welche auf die Zukunft ausgerichtet ist. Mit dem Läuten der Glocken, die Aleksej Petrovič in seinem Zimmer vernimmt, wird ihm im letzten Augenblick bewusst, dass neben seinem egoistischen Ich noch eine weitere Welt existiert, die ihm in seiner Kindheit begegnet ist: „Да, тогда все казалось тем, как оно казалось. Красное так и было красное, а не отражающее красный лучи. […] И если любил кого-нибудь, то знал, что любишь; в этом не было сомнений."[141] Im Bewusstsein der einstmals empfundenen reinen Liebe, setzt in Aleksej Petrovič eine Wendung ein:

---

139 Zit. nach: Schön: Die dichterische Symbolik V. M. Garšins., S. 113.
140 Wenn an dieser Stelle von Isolation gesprochen wird, dann darf hierunter nicht eine übliche Abspaltung des Individuums innerhalb eines sozialen Gefüges verstanden werden, sondern eine Isolation, welche sich auf der metaphysischen Ebene vollzieht. Ein Individuum, welches dem Individuationsprinzip unterliegt, befindet sich trotz seiner Zugehörigkeit zu einer sozialen Gruppe in einer Isolation, die eine Ichbezogenheit bewirkt.
141 Zit. nach: Garšin: Krasnyj cvetok., S. 105.

Ночь (1880) und *Красный цветок* (1883)

Страшно; не могу я больше жить за свой собственный страх и счет; нужно связать себя с общей жизнью, мучиться и радоваться, ненавидеть и любить не ради своего «я», все пожирающего и ничего взамен не дающего, а ради общей людям правды, которая есть в мире, что бы я там не кричал, и которая говорит думе, несмотря на все старания заглушить ее. [...] Все это сказано в зеленой книжке, и сказано навсегда и верно. Нужно «отвергнуть себя», убить свое «я», бросить на дорогу...[142]

In Anspielung auf das Neue Testament, besinnt sich Aleksej Petrovič auf die christlichen Werte, die für ihn eine Wahrheit beinhaltet, mit deren Hilfe eine Umkehrung möglich ist. Lempa betrachtet dies als Wendung religiöser Prägung, die eine Abkehr von der Isolation und dem Egoismus bewirkt: „Die Besinnung auf das Christliche/Religiöse, auf die auf Verwirklichung des Guten gerichtete Leben führt Petrovič vom Gedanken des Selbstmordes fort."[143] Ohne den wesentlichen Kern der christlichen Religion an dieser Stelle näher zu definieren, spricht Lempa in diesem Zusammenhang über die Möglichkeit der Verwirklichung des Guten. Doch was ist das Gute? Welche Wahrheit liegt der christlichen Religion zugrunde? Es ist die Tugend der Menschenliebe, des Mitleids mit dem Nicht-Ich, welches uns im christlichen Gewand erscheint. Dieser Umkehrung religiöser Prägung liegt demgemäß etwas Wurzelhaftes zugrunde, dessen Ursprung im Menschen selbst zu finden ist und nicht einer Religion entspringt. Eine Bestätigung des Besagten liefert uns Garšin selbst in seiner Erzählung, indem Aleksej Petrovič auf sein kindliches Ich zurückblickt, das er mit einem zentralen Ereignis verknüpft:

Отец сам рассказывал Алеше о Иисусе Христе и часто прочитывал целые страницы из Евангелия. [...] И отец начинал долгое объяснение, которого Алеша не слышал. Он вдруг перебивал своего учителя: Папа, помнишь, дядя Дмитрий Иваныч приезжал? [...] он ударил своего Фому в лицо, а Фома стоит; и дядя

---
142 Zit. nach: Ebd., S. 110
143 Zit. nach: Lempa: Vsevolod Michajlovič Garšin (1855-1888)., S. 114.

Kapitel 9

Дмитрий Иваныч его с другой стороны ударил; Фома все стоит. Мне его жалко стало, и я заплакал. [...] Ему стало ужасно жалко этих слез шестилетнего мальчика, жалко того времени, когда он мог плакать оттого, что в его присутствии ударили беззащитного человека.[144]

Ohne eine tiefere Einsicht in die christliche Glaubenslehre erhalten zu haben, spürt das Kind ganz intuitiv, dass es sich hierbei um einen fremden Willenseinbruch handelt – also Unrecht geschieht. Dieses Ereignis – also das Spüren des Mitleids, welches ihm als Erwachsener verwehrt bleibt – leitet in Aleksej Petrovič das vorhin besagte Umdenken ein. Wenn Schön in diesem Zusammenhang von einer Wiederentdeckung des wahren Ichs[145] spricht, dann stellt sich die folgende Frage: Gelangt der Charakter eines Menschen bereits in der Kindheit zu seiner vollen Objektivation oder vielmehr im Erwachsenenalter, wo uns die Handlungen desselben zeigen, ob diese egoistische oder philanthropische Züge tragen? Scheint doch der Ausgang, den Garšin für seine Erzählung gewählt hat, zu zeigen, dass sich zwar eine Umkehrung denken lässt, was Aleksej Petrovič auch *in abstracto* vollzieht, doch offenbart der tragische Ausgang der Erzählung, dass eine Umsetzung des Gedachten dem Helden verwehrt bleibt:

Лампа, выгоревшая в долгую ночь, светила все тусклее и тусклее и наконец совсем погасла. Но в комнате уже не было темно: начинался день. Его спокойный серый свет понемногу вливался в комнату и скудно освещал заряженное оружие и письмо с безумными проклятиями, лежавшее на столе, а посреди комнаты – человеческий труп с мирным и счастливым выражением на бледном лице.[146]

Die genau Todesursache des Aleksej Petrovič bleibt dem Leser verborgen, doch die geladene Pistole verrät – es handelt sich hierbei nicht um einen Selbstmord,

---

144 Zit. nach: Garšin: Krasnyj cvetok., S. 107.
145 Schön: Die dichterische Symbolik V. M. Garšins., S. 129.
146 Zit. nach: Garšin: Krasnyj cvetok., S. 111.

Ночь (1880) und *Красный цветок* (1883)

ganz im Sinne Schopenhauers und dem Christentum. Indem Aleksej Petrovič sich selbst als ein wollendes Individuum betrachtet, vollzieht sich in ihm ein Läuterungsprozess, der eine Verneinung der eigenen Individualität bewirkt. Das Leben an sich wird vom Individuum nicht mehr gewollt; denn die Motive, welche ihn zum Handeln bewegen, haben ihre Wirkung verloren. Todessehnsucht und tiefe Erkenntnis stehen hier in einem eigentümlichen Zusammenhang, wie sich dies bereits in ähnlicher Weise in dem Künstler Rjabinin äußerte. Beide – Aleksej Petrovič und Rjabinin – sprechen von dem Nichts, welches bei beiden eine motivierende Funktion einnimmt. Aleksej Petrovič, der vor allem durch den Selbstmord das Nichts bewirken möchte, wird schließlich durch das Mitleid von dem Vorhaben abgebracht. Laut Schopenhauer unterliegt der Selbstmörder einer Täuschung; denn mit der Aufhebung der eigenen Individualität wird nur die einzelne Erscheinung im Raum und Zeit untergehen, der Wille, der sich in allen Individuen gleichermaßen objektiviert, bleibt dagegen erhalten. Diese Problematik scheint Garšin in seiner Erzählung *Красный цветок* aus dem Jahr 1883 überwunden zu haben; denn er stattet seinen Helden mit einer tiefen philosophischen Einsicht aus, die dem Schopenhauerschen Individuationsprinzip entspricht:

> Что прежде достигалось длинным путем умозаключений и догадок, теперь я познаю интуитивно. Я достиг реально того, что выработано философией. Я переживаю самим собою великие идеи о том, что пространство и время – суть фикции. Я живу во всех веках. Я живу без пространства, везде или нигде, как хотите.[147]

Auf diesen Zusammenhang hat bereits Joachim Baer in seiner Arbeit hingewiesen, indem er dem Helden zwar eine Loslösung von Zeit und Raum

---
147 Zit. nach: Garšin: Krasnyj cvetok., S. 177.

Kapitel 9

bescheinigt, doch betrachtet er den Wahnsinn, welcher sich im Helden äußert, als die vorherrschende Triebkraft: „Der blinde Wille konzentriert sich hier in wahnsinniger Form auf das Böse, dessen Verkörperung der Kranke in den drei roten Mohnblumen sieht. Der Wahnsinn drückt sich in der verfehlten Erkenntnis des Orts des Bösen in der Welt aus, denn es unterliegt überhaupt keiner Frage, ob es das Böse gibt oder nicht."[148] Vom empirischen Standpunkt aus betrachtet liegt der Erzählung tatsächlich eine pathologische Dimension zugrunde, die sich einer verstandesmäßigen Betrachtung entzieht; denn wie lässt sich eine Durchdringung des *principium individuationis* mittelst empirischer Beweisführung erklären? Scheint doch Garšins Vorgehen zu zeigen, dass einer adäquaten Betrachtungsweise dieser Thematik auf literarischer Ebene gewisse Grenzen gesetzt sind; er daher dieselbe mit dem Wahnsinn verknüpft. Wenn Baer zunächst von einer metaphysischen Vorbedingung ausgeht, indem er vom *principium individuationis* spricht, um anschließend den eingeschlagenen metaphysischen Weg zu verlassen, dann verbleibt ihm nur noch eine Betrachtung der Erzählung aus der Perspektive des Wahnsinns, welche keineswegs erschöpfend ist. Der von Baer eingeschlagene und nicht zu Ende geführte metaphysische Ansatz soll an dieser Stelle aufgegriffen werden, um den Sachverhalt aus einer anderen Perspektive zu beleuchten. Dies erscheint umso leichter, wenn wir die vorhergehenden Betrachtungen in Bezug auf Aleksej Petrovič heranziehen. Dieser – zunächst vom Selbstmord als Ausweg überzeugt – überwindet seinen egoistischen Willen *in abstracto,* in dem er auf sein kindliches Ich zurückblickt und damit das verloren geglaubte Mitleid wiedererlangt, welches sich dem Egoismus entgegenstellt. Ganz intuitiv, und damit ohne

---

148 Zit. nach: Baer: Arthur Schopenhauer und die russische Literatur des späten 19. und frühen 20. Jahrhunderts., S. 57.

Ночь (1880) und *Красный цветок* (1883)

philosophische Einsicht *in concreto,* tritt im Individuum ein willensverneinder Vorgang ein, der sich gegen den eigenen empirischen Charakter richtet. Diesen Prozess scheint der Held aus der Erzählung *Красный цветок* bereits hinter sich gebracht zu haben, indem nicht mehr die Verneinung des Willens auf mikrokosmischer Ebene – wie dies noch bei Aleksej Petrovič der Fall war – durchlebt wird, sondern eine Ausweitung auf makrokosmischer Ebene vollzogen wird. Eine Bestätigung des Gesagten liefert uns Luise Schön, indem sie den Kranken als eine vollendete Faustfigur betrachtet: „Er hat Fausts absolutes Streben – die Ausweitung des Ichs ins All, in das Verstehen – in Raum und Zeit bereits überwunden."[149] Das Individuum als solches untersteht nicht mehr dem Willen, es verneint diesen und damit die individuelle Erscheinung – also den Leib: „Человеку, который достиг того, что в душе его есть великая мысль, общая мысль, ему все равно, где жить, что чувствовать. Даже жить и не жить... Ведь так?"[150] Wenn sich der Held das Ziel gesetzt hat, das Böse in der Welt zu vernichten, dann muss er zunächst dort ansetzen, wo sich das Böse am unmittelbarsten objektiviert und dies ist eben sein eigener Wille. Dieser – da von metaphysischer Beschaffenheit – kann nicht durch physische Einwirkung zerstört werden, da dies – wie bereits erwähnt – nur die Erscheinung treffen würde; denn, so Schopenhauer: „Er selbst [der Wille, d. Verf.] kann durch nichts aufgehoben werden, als durch Erkenntniß. Daher ist der einzige Weg des Heils dieser, daß der Wille ungehindert erscheine, um in dieser Erscheinung sein eigenes Wesen erkennen zu können."[151] Und: „Nur in Folge dieser Erkenntniß

---

149 Zit. nach: Schön: Die dichterische Symbolik V. M. Garšins., S. 156.
150 Zit. nach: Garšin: Krasnyj cvetok., S. 177.
151 Zit. nach: Schopenhauer: Die Welt als Wille und Vorstellung I. Zweiter Teilband. Bd. II., S. 495.

kann der Wille sich selbst aufheben und damit auch das Leiden, welches von seiner Erscheinung unzertrennlich ist, endigen."[152] Auch Schön spricht in diesem Zusammenhang von einer Erlösung der gesamten Menschheit vom Weltbösen und fügt hinzu: „Sein Kampf mit dem Bösen symbolisiert das Ringen um die Erlösung der Menschheit, um die Wiedergewinnung des Paradieses: [...] Sein Opfer bewirkt die symbolische Erlösung der Menschen vom Bösen."[153] Wenn Schön an dieser Stelle von der Erlösung und dem Paradies spricht, dann betrachtet sie das Vorgehen des Helden aus einer theologischen Perspektive – der Held gleicht in seinem Tun Jesus Christus. Doch beinhaltet gerade die theologische Argumentation eine gewisse unpräzise Betrachtung des Sachverhalts, wie dies bereits in den Erzählungen *Ночь* und *Художники* geschehen ist. Daher soll an dieser Stelle – und dies in Anlehnung an Schopenhauer – von einer Verneinung des Willens gesprochen werden; denn nur durch diesen Vorgang lässt sich das Böse in der Welt aufheben. Das Paradies kann demnach nur erlangt werden, wenn der Mensch aufhört Mensch zu sein und damit seinen eigenen Leib – welcher eben der objektivierte Wille ist – verneint. Scheint doch genau dies Garšin zu meinen, wenn der Held folgendes äußert: „Святой великомученик Георгий! В руки твои предаю тело мое. А дух – нет, о нет!..."[154] Mit dem Sündenfall tritt das Böse – und damit die Ungerechtigkeit – in die Welt; denn in Adams sündigem Vorgehen drückt sich seine Bejahung zum Leben aus. Paradies und Bejahung schließen aber einander aus, daher der Kampf gegen das Böse, vor allem ein Kampf gegen das Leben selbst ist und dies drückt sich nicht nur – wie bereits erwähnt – auf

---

152 Zit. nach: Ebd
153 Zit. nach: Schön: Die dichterische Symbolik V. M. Garšins., S. 156.
154 Zit. nach: Garšin: Krasnyj cvetok., S. 175.

Ночь (1880) und *Красный цветок* (1883)

mikrokosmischer Ebene aus, indem der eigene Leib durch den stetigen Prozess der Gewichtsabnahme dahinschwindet, sondern auch auf makrokosmischer Ebene, welche eben durch die Vernichtung der Mohnblume symbolisiert wird. Auch in dieser drückt sich eine Bejahung des Lebens aus, indem sie ihre unzähligen Mohnkörner mit Hilfe des Windes ausstreut. Wenn Schopenhauer nun den Willen als etwas universelles betrachtet, der allen Objekten im Raum zugrunde liegt und sich diese nur durch den Grad der Objektivation unterscheiden, dann drückt sich auch in der Pflanze der Wille zum Leben auf einer unteren Objektivationsstufe aus:

> В этот яркий красный цветок собралось все зло мира. [...] Цветок в его глазах осуществлял собою все зло; он впитал в себя всю невинно пролитую кровь (оттого он и был так красен), все слезы, всю желчь человечества. [...] Но этого мало, – нужно было не дать ему при издыхании излить все свое зло в мир.[155]

Der Kampf des Helden gegen das Böse in der Welt zeichnet sich nicht etwa durch eine besondere Irrationalität aus, wie dies in der Forschungsliteratur dargelegt wurde, sondern vor allem durch eine konsequente Ausführung eines metaphysischen Sachverhalts, der die innere und äußere Welt gleichermaßen erfasst. Der Schlüssel zum Verständnis seines Vorgehens liegt demnach in der Darlegung des *principium individuationis,* welches eine veränderte Erkenntnisweise bewirkt, die der kausalen Betrachtungsweise diametral gegenüber steht. Einen Hinweis auf den tieferen Gehalt der Erzählung liefert uns Garšin selbst, indem er uns einen namenlosen Helden vor Augen führt, der sich von Zeit und Raum gelöst hat. Es handelt sich hierbei nicht um eine physische Loslösung; denn der Leib als solcher ist bereits Objekt und damit dem Gesetz der Kausalität

---

155 Zit. nach: Ebd., S. 184.

Kapitel 9

unterworfen, sondern um eine Erkenntnisweise höherer Art, die die räumliche und zeitliche Dimension aus ihrer Betrachtung ausschließt. Dadurch erscheint die Welt nicht mehr als Vielheit, sondern als Einheit.

10. Aufhebung der Ungerechtigkeit durch die Verneinung des Willens zum Leben – *Сказание о гордом Аггее* (1886)

> *Meistens muß daher, durch das größte eigene Leiden, der Wille gebrochen seyn, ehe dessen Selbstverneinung eintritt.*[156]
> *[Arthur Schopenhauer]*

Das Märchen *Сказание о гордом Аггее* erhält in der vorliegenden Arbeit eine besondere Bedeutung; denn in diesem zeigt uns Garšin einen Weg auf, der aus dem Unrecht hinausführen kann. Im Zentrum des Märchens steht der despotische Herrscher Aggej, der über allem weltlichen thront: „Жил так Аггей один, точно на высокой башне стоял. Снизу толпы народа на него смотрят, а он не хочет никого знать и стоит на своем низеньком помосте; думает что одно это место его достойно: хоть одиноко, да высоко."[157] Aus den bisherigen Betrachtungen ging hervor, dass gerade dies – also die fehlende Identifikation mit anderen Individuen im Raum – dem Egoismus und der Bosheit zugrunde liegt, aus welchen Unrecht hervorgeht. Auch Aggej unterliegt diesen Triebfedern; denn beim Besuch eines Gottesdienstes lässt er einen Priester ins Gefängnis werfen, weil dieser die folgenden Worte äußert: „богатые обнищают, а нищие обогатеют".[158] Kurze Zeit später macht sich Aggej auf die Jagd, um einen Hirsch zu erlegen. Dieses Vorhaben scheitert; denn der Hirsch entkommt. Aggej bleibt unbekleidet und ohne Pferd zurück, weil er bei dem Versuch den Hirsch zu erlegen, einen Fluss überqueren musste. In der Zwischenzeit verwandelt sich ein von Gott gesandter Engel in Aggej, um dessen Position einzunehmen. Der einstige despotische Herrscher Aggej wird von den

---
156 Zit. nach: Schopenhauer: Die Welt als Wille und Vorstellung I. Zweiter Teilband., Bd. II., S. 485.
157 Zit. nach: Garšin: Krasnyj cvetok., S. 295.
158 Zit. nach: Ebd.

Kapitel 10

Menschen nicht mehr erkannt und jeder Versuch dieses Missverständnis aufzulösen scheitert; denn die Täuschung ist eine von Gott gewollte; daher nur durch eine Läuterung höherer Art zu beseitigen. Diese im religiösen Gewand erscheinende Konstruktion enthält eine für uns relevante Komponente, die Garšin in seiner Novelle *Ночь* andeutete – das Mitleid. Aggejs Weg zurück in die Gesellschaft wird vor allem vom Mitleid begleitet, welches die einstigen Untertanen nun für ihn empfinden: „Поднялся Аггей, весь избитый, побрел потихоньку. А пастух подумал, и жаль ему стало. «Напрасно, – думает, – я человека изобидел: может, он шальной или сумасшедший»."[159] Und weiter heißt es: „Пожалели его добрые люди: собрали кто рубаху, кто штаны; один дал ему опорки старые, другой – кафтан, а третий – шапку."[160] Nach einem schweren Leidensweg erblickt Aggejs schließlich in der Stadt den Engel, der seine Gestalt angenommen hat und ihm wird bewusst, dass dies die Strafe Gottes ist: „И горько плакал Аггей. Вспоминал он всю жизнь свою и понял, что не за выдранный лист наказал его Господь, а за всю жизнь. «Прогневал я Господа, – думает, – и будет ли мне теперь пощада и спасение?»"[161] Aggej wird deutlich, dass eine Erlösung nur dann möglich ist, wenn sich in ihm eine tiefgreifende Veränderung vollzieht; dies heißt aber: die egoistischen Handlungen müssen dem Mitleid weichen. Dies kann aber nur durch einen Leidensweg geschehen, welchen – und dies ganz im Sinne Schopenhauers – Garšin seinem Helden im Märchen auferlegt. Nur durch das eigene Fühlen des Leides – also dem Beiteiligtsein des eigenen Willens – stellt sich eine moralische Besserung ein, die jeder Ungerechtigkeit entgegentritt und vor allem

---
159 Zit. nach: Ebd., S. 298.
160 Zit. nach: Ebd., S. 299.
161 Zit. nach: Ebd., S. 301.

Сказание о гордом Аггее (1886)

– denn dies ist von besonderer Relevanz – das eigene unrechte Handeln beendet. Baer interpretiert ganz richtig, wenn er in diesem Zusammenhang folgendes äußert: „Garšin [hat, d. Verf.] mit dieser Erzählung die höchste Stufe des Mitleidens und der Liebe zum Nächsten angedeutet".[162] Durch das Mitleiden mit den anderen Individuen im Raum – und hier muss eine metaphysische Auslegung des Sachverhalts angestellt werden – wird die Grenze, die zwischen dem Subjekt (das eigene Ich) und den Objekten im Raum (die fremden Nicht-Ichs) herrscht, aufgehoben – der fremde Wille wird zum Motiv; dies heißt aber: der eigene Wille wird verneint. Schopenhauer dazu:

> Wenn nämlich vor den Augen eines Menschen jener Schleier der Maja, das *principium individuationis,* so sehr gelüftet ist, daß derselbe nicht mehr den egoistischen Unterschied zwischen seiner Person und der fremden macht, sondern an den Leiden der andern Individuen so viel Antheil nimmt, wie an seinen eigenen, und dadurch nicht nur im höchsten Grade hülfreich ist, sondern sogar bereit, sein eigenes Individuum zu opfern, sobald mehrere fremde dadurch zu retten sind; dann folgt von selbst, daß ein solcher Mensch, der in allen Wesen sich, sein innerstes und wahres Selbst erkennt, auch die endlosen Leiden alles Lebenden als die seinen betrachten und so den Schmerz der ganzen Welt sich zueignen muß.[163]

Scheint doch genau diesen Weg Aggej zu gehen; denn er verzichtet auf den Thron und die Macht, um sich für die Leidenden auf dieser Welt aufzuopfern:

> Нет, господин мой, ослушаюсь я твоего веления, не возьму ни меча, ни жезла, ни шапки, ни мантии. Не оставлю я слепых своих братий: я им и свет и пища, и друг и брат. Три года я жил с ними и работал для них, и прилепился душою к нищим и убогим. Прости ты меня и отпусти в мир к людям: долго стоял я один среди народа, как на каменном столпе, высоко мне было, но одиноко, ожесточилось сердце мое и исчезла любовь к людям. Отпусти меня.[164]

---

162 Zit. nach: Baer: Arthur Schopenhauer und die russische Literatur des späten 19. und frühen 20. Jahrhunderts., S. 62.
163 Zit. nach: Schopenhauer: Die Welt als Wille und Vorstellung I. Zweiter Teilband. Bd. II., S. 469.
164 Zit. nach: Garšin: Krasnyj cvetok., S. 303.

Kapitel 10

Lempa geht in ihrem Werk vor allem von einer erzieherischen Tendenz aus, die dem Märchen zugrunde liegt und beruft sich dabei auf Jean-Jacques Rousseau und sein pädagogisches Hauptwerk *Emile oder über die Erziehung*.[165] Ohne dies an dieser Stelle weiter zu vertiefen, muss doch vor allem das Leiden des Hauptprotagonisten hervorgehoben werden und die damit verbundene Läuterung desselben. Die Läuterung ist aber keine *in abstracto* durchgeführte, wie dies noch in der Novelle *Ночь* geschah, sondern eine konkrete, welche sich in Taten und Handlungen ausdrückt – der despotische Herrscher Aggej wird zum Diener und Führer der Bettler. Diese uns im literarischen Gewand erscheinende Wandlung, welche uns Garšin in seinem Märchen vollführt, beinhaltet die gleiche Erkenntnis, die Schopenhauer in seinem vierten Buch *Der Welt als Wille zweite Betrachtung: Bei erreichter Selbsterkenntniß Bejahung und Verneinung des Willens zum Leben*[166] dem Leser offenbart: nur durch die Verneinung des eigenen Willens zum Leben kann die Ungerechtigkeit aufgehoben werden. Wenn aber Wille mit Leben gleichzusetzen ist, wie dies in der philosophischen Abhandlung dargelegt wurde, dann darf das Leben selbst nicht mehr gewollt werden, um die Ungerechtigkeit aufzuheben. Scheint doch genau diesen Weg Garšins Aggej zu gehen, wenn er zum Diener der Bettler wird; dies heißt aber: das eigene Wollen verneinen und das fremde Wohl zu bejahen – also Mitleid empfinden. Was sich in *Четыре дня, Художники, Ночь* und *Красный цветок* andeutet, gelangt in dem vorliegenden Märchen zum vollen Ausdruck; denn nur hier bietet uns Garšin eine vollkommene Lösung an, die das Unrecht beendet.

---

165 Rousseau, Jean-Jacques: Émile oder Über die Erziehung. Köln 2010.
166 Schopenhauer, Arthur: Die Welt als Wille und Vorstellung I. Zweiter Teilband. Bd. II. Zürich 1977.

11. Die Frage nach der Ungerechtigkeit des Daseins im Allgemeinen – *Attalea princeps* (1879)

Die Frage nach der Ungerechtigkeit des Daseins im Allgemeinen scheint zwar durch die bereits aufgeführten Novellen Garšins beantwortet zu sein, doch soll an dieser Stelle die Frage nochmals aufgeworfen werden; zum einen, weil uns Garšin durch sein allegorisches Märchen *Attalea princeps* den nötigen Stoff liefert, zum anderen, weil die einzelnen in der vorliegenden Arbeit geschilderten Begebenheit zwar Unrecht als solches enthalten, doch eine vollkommene Antwort auf die Frage, ob das Leben im Allgemeinen ungerecht sei, lassen sie nicht zu. Eben weil es sich hierbei um einzelne Bildausschnitte des Lebens handelt, wäre doch berechtigterweise anzunehmen, dass sie uns ein unvollkommenes Bild von diesem liefern; wir demgemäß unberechtigterweise eine derartige Frage aufwerfen; denn für Liebe, Heldenmut und Rache sind nicht alle Individuen gleichermaßen empfänglich. Demgemäß ist die Beantwortung einer derartigen allgemeinen Frage nur dann möglich, wenn wir unsere Perspektive nicht auf das Einzelne richten, sondern auf dasjenige, was jedem Individuum zugrunde liegt; ihn erst zum Individuum macht. Scheint doch genau dies – also das Allgemeinste – Garšin in *Attalea princeps* zum Ausdruck zu bringen, wenn er eine Palme ins Zentrum einer allegorischen Betrachtung des Lebens stellt. Diese Palme befindet sich mit anderen exotischen Pflanzen in einem Gewächshaus, deren Dasein zwar durch dieses ermöglicht, zugleich aber auch beschränkt wird. Für Schön ist dies – also die Beschränkung des Daseins – die zentrale Aussage des Märchens: „Das Treibhaus gestaltet Garšin zum Symbol der Unfreiheit, des unfreimachenden Systems, dem er den Himmel als

Kapitel 11

Symbol der Freiheit gegenübergestellt, dem die Sehnsucht der Attalea gilt."[167] Damit beinhaltet für Schön – ebenso wie Lempa[168] – das Märchen eine sozialkritische Komponente; sie wäre demnach Tendenziös. Dieser zeitlichen Einordnung widerspricht Stender-Petersen, indem er ganz richtig sagt: „In Wahrheit war sie [die Novelle, d. Verf.] aber der Angstschrei eines empfindsamen Symbolisten, der sich der brutalen Wirklichkeit gegenübergestellt sah, ein Protest gegen alle Wirklichkeit."[169] Damit eröffnet sich eine Betrachtung höherer Art; denn Stender-Petersen verleiht dem Märchen eine mehr allgemeine Bedeutung, die nicht dem einzelnen historischen Ereignis unterliegt, sondern von einer tieferen Einsicht in das Wesen der Welt – Stender-Petersen spricht hier von Wirklichkeit – zeugt. Die Wirklichkeit – oder auch Realität – auf der literarischen Eben zu verarbeiten, setzt – wie dies im philosophischen Teil hinreichend erläutert – eine vom Willen befreite Anschauung voraus, die sich eben durch ihre Zeitlosigkeit auszeichnet. Baer geht in seiner Arbeit über Schopenhauer und die russische Literatur noch einen Schritt weiter, indem er das Gewächshaus mit einem schützenden Mutterleib vergleicht und die Palme, die sich darin befindet, mit einem Embryo, welches das Leben außerhalb des Gewächshauses will.[170] Dieses Leben gleicht – und hier stellt er einen direkten Bezug zu Schopenhauers lebensverneinender Ansicht her – einer Hölle; denn die Palme befreit sich zwar aus dem Gewächshaus, indem sie mit ihrer Krone das Glasdach desselben durchbricht, doch wird sie nun mit der eben erwähnten

---

167 Zit. nach: Schön: Die dichterische Symbolik V. M. Garšins., S. 168.
168 Lempa: Vsevolod Michajlovič Garšin (1855-1888). Leben und Werk im Kontext philosophischer und religiöser Strömungen in Rußland., S. 68-74.
169 Zit. nach: Stender-Petersen: Geschichte der russischen Literatur., S. 447.
170 Baer: Arthur Schopenhauer und die russische Literatur des späten 19. und frühen 20. Jahrhunderts., S. 48-50.

Attalea princeps (1879)

Wirklichkeit des Dasein konfrontiert:

> И Attalea поняла, что для нее всё было кончено. Она застывала. Вернуться снова под крышу? Но она уже не могла вернуться. Она должна была стоять на холодном ветре, чувствовать его порывы и острое прикосновение снежинок, смотреть на грязное небо, на нищую природу, на грязный задний двор ботанического сада, на скучный огромный город, видневшийся в тумане, и ждать, пока люди там, внизу, в теплице, не решат, что делать с нею. Директор приказал спилить дерево.[171]

Dieser durchaus nachvollziehbare Deutungsversuch Baers widerspricht damit der Interpretation Lempas und Schöns; denn diese betrachten vor allem das Gewächshaus als einen Ort der Unfreiheit, das Leben (außerhalb des Gewächshauses) dagegen als einen Ort der Freiheit. Ohne diesen Widerspruch an dieser Stelle weiter zu vertiefen, scheint sich die Forschung uneinig zu sein, was sich unter dem allegorischen Gewand (durch Begriffe vermittelt) verbirgt; denn anstatt im Einzelnen das Allgemeine zu betrachten, wird dem Einzelnen noch mehr Individualität angehängt. Das Wesentliche, und damit Allgemeine, ist alleine das Streben, welches die Palme im Märchen zum Ausdruck bringt. Dies setzen alle Interpretationen bereits voraus, ohne die Bedeutung desselben näher zu betrachten:

> И она росла, тратя все соки только на то, чтобы вытянуться, и лишая их свои корни и листья. Иногда ей казалось, что расстояние до свода не уменьшается. Тогда она напрягала все силы. Рамы становились всё ближе и ближе, и наконец молодой лист коснулся холодного стекла и железа.[172]

Das individuelle Streben der Palme wäre demnach als eine Allegorie auf das menschliche Streben aufzufassen, welches allen Individuen zugrunde liegt. Dies allein ist eindeutig, jeder weitergehende Deutungsversuch des Märchens wäre spekulativ, und damit für eine redliche Auslegung des Sachverhalts unbrauchbar.

---

171 Zit. nach: Garšin: Krasnyj cvetok., S. 287.
172 Zit. nach: Ebd., S. 286.

Kapitel 11

Dies ist der vorhin besagte Stoff, an den es anzuknüpfen gilt, um der Frage, ob das Leben im Allgemeinen ungerecht sei, gerecht zu werden. Wenn wir nun das Streben ins Zentrum unserer Betrachtung rücken, dann muss in diesem etwas negatives liegen; wird dies doch bereits in Goethes *Faust* angedeutet: „Es irrt der Mensch so lang er strebt."[173] Eben weil das Streben von allen Individuen vollzogen wird, müssen sich notwendigerweise diese individuellen Willensbestrebungen kreuzen, wie dies in den Novellen Garšins zur Genüge geschieht. Demnach gibt es kein richtiges oder falsches Streben – das Streben im Allgemeinen ist problematisch, was auch Goethe in seiner Tragödie zum Ausdruck bringt; denn, so Schopenhauer:

> Wer etwas tiefer zu denken fähig ist wird bald absehn, daß die menschlichen Begierden nicht erst auf dem Punkte anfangen können, sündlich zu seyn, wo sie, in ihren individuellen Richtungen einander zufällig durchkreuzend, Uebel von der einen und Böses von der andern Seite veranlassen; sondern daß, wenn Dieses ist, sie auch schon ursprünglich und ihrem Wesen nach sündlich und verwerflich seyn müssen, folglich der ganze Wille zum Leben selbst ein verwerflicher seyn ist. Ist ja doch aller Gräuel und Jammer, davon die Welt voll ist, bloß das notwendige Resultat der gesammten Charaktere, in welchen der Wille zum Leben sich objektivirt, unter den an der ununterbrochenen Kette der Nothwendigkeit eintretenden Umständen, welche ihnen die Motive liefern.[174]

Der Wille, der sich in allen Individuen im gleichen Maße objektiviert, kennt nichts anderes als Streben; daher Streben und Wille im Grunde den gleichen Bedeutungsumfang aufweisen; denn was der Wille ausdrückt, ist nur Streben, und dem Streben liegt immer ein Wille zugrunde. Schopenhauer spricht in diesem Zusammenhang deshalb von Sündhaftigkeit, weil dieses Streben mit einer unausweichlichen Notwendigkeit geschieht – es gibt nur Streben. Mit der

---
173 Zit. nach: Goethe, Johann Wolfgang: Faust. Eine Tragödie. 4. Aufl. München 2003, S. 26.
174 Zit. nach: Schopenhauer: Parerga und Paralipomena II. Erster Teilband. Bd. IX., S. 342.

Attalea princeps (1879)

Verneinung – wie wir dies in dem Märchen *Сказание о гордом Аггее* nachweisen konnten – ist das Streben aufgehoben, „daher ist die Verneinung für uns, die wir die Erscheinung des Wollens sind, ein Uebergang in's Nichts."[175] Genau diese Notwendigkeit drückt Garšin in seinem allegorischen Märchen *Attalea princeps* aus; denn die Palme – von jeder Erkenntnis als solches frei – kennt nur ein Motiv – den blauen Himmel: „Сквозь нее ей виднелось иногда что-то голубое: то было небо, хоть и чужое, и бледное, но все-таки настоящее голубое небо."[176] Die allegorische Bedeutsamkeit des Märchens wird erst dann vollkommen verständlich, wenn das Streben der Palme – als solches unausweichlich – mit dem Streben der Individuen, welches ebenfalls unausweichlich ist, in Zusammenhang gebracht wird. Was daraus folgt, ist eine durchaus pessimistische Erkenntnis, die besagt, dass alles Streben nicht nur unausweichlich ist, sondern – und dies ist von zentraler Bedeutung – ungerecht; denn jedes Individuum und jedes Objekt folgt seiner inneren Bestimmung, die notwendigerweise aufeinanderprallen müssen, da der Notwendigkeit eine unvermeidliche Handlung zugrunde liegt. Was wir hier im Allgemeinen zum Ausspruch bringen, wurde in der vorliegenden Arbeit im Einzelnen bereits dargelegt und bestätigt. Dies ist die Wirklichkeit, von der Stender-Petersen spricht, und mit der sich Garšin konfrontiert sah. Für Schopenhauer hat die Wirklichkeit vor allem die folgende Funktion: „Das Leben ist durchaus anzusehen als eine strenge Lektion, die uns ertheilt wird, wenn gleich wir, mit unsern auf ganz andere Zwecke angelegten Denkformen, nicht verstehn können, wie wir haben dazu kommen können, ihrer zu bedürfen." [177] So muss sich auch

---

175 Zit. nach: Ebd., S. 339.
176 Zit. nach: Garšin: Krasnyj cvetok., S. 283.
177 Zit. nach: Schopenhauer: Parerga und Paralipomena II. Erster Teilband. Bd. IX., S. 350.

Kapitel 11

die Palme belehren lassen, dass das, was sie anstrebte, nur eine Täuschung war:

«Только-то? – думала она. – И это всё, из-за чего я томилась и страдала так долго? И этого-то достигнуть было для меня высочайшею целью?» Была глубокая осень, когда Attalea выпрямила свою вершину в пробитое отверстие. Моросил мелкий дождик пополам со снегом; ветер низко гнал серые клочковатые тучи. [...] И Attalea поняла, что для нее всё было кончено. Она застывала.[178]

---

[178] Zit. nach: Garšin: Krasnyj cvetok., S. 287.

12. Schlussbemerkungen

Mit der Betrachtung des Unrechts in den Werken Vsevolod M. Garšins aus der Willensperspektive Arthur Schopenhauers sollte in der vorliegenden Arbeit Philosophie und Dichtung vereint werden. Eine widerspruchsfreie Vereinigung kann aber nur dann gelingen, wenn beiden Künsten ein gemeinsamer Standpunkt zugrunde liegt: dieser ist entweder von pessimistischer oder optimistischer Beschaffenheit. Beide – der Philosoph Arthur Schopenhauer und der Schriftsteller Vsevolod M. Garšin – tendieren in ihren Werken zum Pessimismus oder – wie dies vor allem bei Garšin der Fall ist – zur melancholischen Darstellung der einzelnen Szenen des Lebens. Neben diesem gemeinsamen Standpunkt, den beide in ihren Werken einnehmen, wurde auf die gemeinsame Wurzel der Philosophie und der Literatur verwiesen, welche demnach nicht in der Ausführung liegt, sondern in der Ausgangsfrage, welche jedem wahrhaften künstlerischen Prozess zugrunde liegt – die Frage „Was ist das Leben?", die beide Künste miteinander verbindet. Beide Künste liefern uns Antworten auf die Fragen des Lebens: die Philosophie durch theoretische Betrachtungen; die Literatur richtet ihre Perspektive auf die einzelnen Szenen des Lebens. Durch die Verschmelzung beider Sichtweisen – was das Bestreben der vorliegenden Arbeit war – sollte das Unrecht vom allgemeinen Standpunkt (Philosophie) und vom empirischen Standpunkt (Literatur) beleuchtet werden. Wir sahen, dass Schopenhauer vor allem im Willen, der sich in allen einzelnen Erscheinungen auf unterschiedliche Weise objektiviert, das Allgemeine betrachtet, welches das Einzelne hervorbringt. Dieses metaphysische Fundament sollte uns als Ausgangspunkt dienen, um im weiteren Verlauf der Arbeit Schopenhauers Theorie vom Unrecht und die Mitleidsethik zu betrachten; denn

Kapitel 12

diese stützen sich auf die Metaphysik. Das Unrecht tritt vor allem dort zum Vorschein, wo ein Einbruch in einen fremden Willen stattfindet. Die eigene Willenssphäre verlassend, stellt der Einbruch eine Verneinung des fremden Willens dar, welches entweder aus dem äußersten Egoismus oder der Bosheit entspringt – dies ist das Wesen des Unrechts nach Schopenhauer. Nur das Mitleid – als einzige Triebfeder, der eine moralische Wertigkeit zukommt – wirkt dem Unrecht entgegen, wenn jede künstliche Einrichtung (Staat) ihre Wirkung verliert. So sahen wir in Garšins Novelle Четыре дня, dass die kriegerischen Auseinandersetzungen zwischen einzelnen Staaten gerade dem entgegenwirken, was durch das Wesen desselben zu sichern galt – Bewahrung der Gleichheit. Unter dem Schleier der Vaterlandsliebe – und dies deckt Garšin in seiner Novelle auf – verbirgt sich der menschliche Egoismus, der Unrecht schafft. In Надежда Николаевна geht Garšin der Frage nach, ob eine Rettung eines gefallenen Individuums durch die Liebe möglich ist? Garšin konnte uns keine Lösung durch die Liebe anbieten; vielmehr hebt er – und dies womöglich unfreiwillig – die Irrationalität hervor, die dem Rettungsanker „Liebe" zugrunde liegt. In der kurzen Novelle Сигнал wirkt dem Unrecht nicht die Liebe entgegen, sondern das Mitleid, welches uns bereits ansatzweise in Четыре дня begegnet. Mit dem Empfinden desselben entschließt sich Semen Ivanov zur einer selbstaufopfernden Handlung, um das Entgleisen des Zuges zu verhindern. Mitleid scheint auch der Künstler Rjabinin in der Tagebuchnovelle Художники zu empfinden, wenn er ein hart arbeitendes Individuum zum Gegenstand einer künstlerischen Betrachtung macht. Die tiefe Einsicht in die Beschaffenheit der Welt, welche Rjabinin durch sein eigenes Kunstwerk erlangt, offenbart sich in einer derartigen Klarheit, dass Rjabinin vor seinem eigenen Kunstwerk

Schlussbemerkungen

zurückschreckt – das alltägliche Leid wird durch das Kunstwerk objektiviert. In *Ночь* führt uns Garšin ein Individuum vor, welches sich selbst – und zwar durch den nach innen gerichteten reflexiven Vorgang – als ein Wollendes begreift. Aleksej Petrovičs empirischer Charakter war vor allem für egoistische Motive empfänglich, daher an seine Handlungen derselbe egoistische Anstrich haftet, der Unrecht schafft. Erst durch die Erinnerung an seine Kindheit, in welcher Aleksej Petrovič noch Mitleid empfinden konnte, wird ihm bewusst, dass noch eine andere Welt existiert. Garšin deutet hier einen durch das Mitleid vollzogenen Läuterungsprozess an; als Andeutung deshalb einzuschätzen, weil sich der Läuterungsprozess *in abstracto* vollzieht. In der Novelle *Красный цветок* geht es nicht mehr um eine Läuterung – denn diese scheint der namenlose Held bereits hinter sich gebracht zu haben – sondern um die Umsetzung eines metaphysischen Sachverhalts, den Schopenhauer in seinem Buch *Der Welt als Wille zweite Betrachtung: Bei erreichter Selbsterkenntniß Bejahung und Verneinung des Willens zum Leben* herausarbeitet. Der Held unterliegt nicht mehr dem *principium individuationis,* welches die Vielheit bewirkt, sondern verneint seinen Willen und alles Böse; dies heißt aber: alles Streben vernichten. Die Unmöglichkeit, alles Böse auf makrokosmischer Ebene zu vernichten, ist ersichtlich; dies macht Garšin deutlich, indem er dem Helden eine Mohnblume vorsetzt, die derselbe bekämpft, begleitet von der Hoffnung, dass dadurch das Böse auf der Welt verschwindet. In dem Märchen *Сказание о гордом Аггее* steht nicht mehr eine spezifische unrechte Handlung im Zentrum einer literarischen Betrachtung, sondern die Aufhebung desselben durch das Mitleid im Allgemeinen. Was Garšin in den vorhergehenden Werken ansatzweise und noch unvollkommen andeutet, erreicht in dem Märchen

Kapitel 12

Сказание о гордом Аггее seinen Gipfelpunkt – die Aufhebung der Ungerechtigkeit durch das Verneinen des eigenen Willens zum Leben. Eine vollkommene Verneinung des eigenen Wollens kann aber nur dann eintreten, wenn das Individuum das Leid annimmt und aus diesem geläutert hervorgeht; dies heißt aber: das Leiden der gesamten Welt erblicken, um dasselbe zu bekämpfen. Zwar nimmt auch unser namenloser Held in *Красный цветок* den Kampf gegen das Böse an, doch geschieht dies mit einer derartigen metaphysischen Vollkommenheit, dass der Sinn desselben nicht mehr gegeben ist – es ist ein Kampf gegen das Leben selbst. Aggej verneint dagegen nur seinen eigenen Willen und setzt sich für diejenigen ein, die seiner Hilfe bedürfen – er wird zum Diener der Bettler. Dies – also das fremde Wohl bejahen – ist der Gipfelpunkt der Gerechtigkeit, welches das Unrecht auf dieser Welt bekämpft; das drückt Schopenhauer durch seine Philosophie aus und Garšin durch sein Märchen *Сказание о гордом Аггее*. Beide – Schopenhauer und Garšin – zeigen uns den gleichen Weg auf; das Betreten desselben muss jeder selbst vollziehen. In Anbetracht der hier vorgelegten Ergebnisse wird auch deutlich, dass jedem einzelnen Unrecht ein zureichender Grund zugrunde liegt. Das Unrecht selbst, in seiner Allgemeinheit, ist ein menschliches Produkt. Der Mensch ist wiederum eine Erscheinung des Willens, welcher an sich grundlos ist. Die eingangs aufgeworfene Einschränkung, dass sich die Lösung des Unrechts auf Garšins Werke beschränkt, rückt durch diese Feststellung – also die Grundlosigkeit des Willens, und damit des Unrechts im Allgemeinen – in ein klareres Licht. Auch die Werke Garšins – denn dies war ein zentrales Anliegen der vorliegenden Arbeit – rücken durch die philosophische Perspektive in ein vollkommen neues Licht, indem wir nachweisen konnten, dass seinem literarischen Schaffens-

Schlussbemerkungen

prozess etwas zugrunde liegt, was von der bisherigen Forschungsliteratur in dem Umfang nicht erfasst werden konnte – nämlich die Tatsache, dass Leben Leiden bedeutet und jegliches Streben – sofern es dem Willen unterliegt – das menschliche Leid nur weiter vergrößert.

IV. Literaturverzeichnis

13. Primärliteratur

- Garšin, Vsevolod: Krasnyj cvetok. Sbornik. Moskva 2015.
- Schopenhauer, Arthur: Die Welt als Wille und Vorstellung I. Erster Teilband. Bd. I. Zürich 1977.
- Schopenhauer, Arthur: Die Welt als Wille und Vorstellung I. Zweiter Teilband. Bd. II. Zürich 1977.
- Schopenhauer, Arthur: Die Welt als Wille und Vorstellung II. Erster Teilband. Bd. III. Zürich 1977.
- Schopenhauer, Arthur: Die Welt als Wille und Vorstellung II. Zweiter Teilband. Bd. IV. Zürich 1977.
- Schopenhauer, Arthur: Parerga und Paralipomena I. Zweiter Teilband. Aphorismen zur Lebensweisheit. Bd. VIII. Zürich 1977.
- Schopenhauer, Arthur: Parerga und Paralipomena II. Erster Teilband. Bd. IX. Zürich 1977.
- Schopenhauer, Arthur: Über die Freiheit des menschlichen Willens. Über die Grundlage der Moral. Kleinere Schriften II. Bd. VI. Zürich 1977.
- Schopenhauer, Arthur: Über die vierfache Wurzel des Satzes vom zureichenden Grunde. Über den Willen in der Natur. Kleinere Schriften I. Bd. V. Zürich 1977.

13.1 Sekundärliteratur

- Aristoteles: Nikomachische Ethik. (Die Übersetzung folgt der Ausg. Aristoteles' Nikomachische Ethik. Aus dem Griech. von Dr. theol. Eug. Rolfes. Leipzig 1911), Köln 2009.
- Baer, Joachim T.: Arthur Schopenhauer und die russische Literatur des späten 19. und frühen 20. Jahrhunderts. München 1980.
- Bjalyj, G. A.: V. M. Garšin. Kritiko-biografičeskij očerk. Moskva 1955.
- Dostojevskij, Fjodor M.: Rasskazy. Moskva, Berlin 2015.
- Goethe, Johann Wolfgang: Faust. Eine Tragödie. 4. Aufl. München 2003.
- Goethe, Johann Wolfgang v.: Maximen und Reflexionen. Erkenntnis und Wissenschaft. In: Trunz, Erich (Hrsg.) Goethes Werke. Schriften zur Kunst. Schriften zur Literatur. Maximen und Reflexionen. Bd. 12. 13., durchges. Aufl. München 1999.
- Goethe, Johann Wolfgang v.: Wilhelm Meisters Lehrjahre. Husum 2011.
- Grün, Klaus-Jürgen: Arthur Schopenhauer. München 2000.
- Heidegger, Martin: Was heißt Denken?. Stuttgart 1992.
- Henry, Peter: A Hamlet of his Time. Vsevolod Garshin. The Man, his Works, and his Milieu. Oxford 1983.
- Hobbes, Thomas: Der Leviathan. (Nach der ersten dt. Übers. vollst. neu überarb. von Kai Kilian) Köln 2009.
- Korn, Eugen (Hrsg.): Goethes Gespräche. Paderborn 2012.
- Latynina, A: Vsevolod Garšin. Tvorčestvo i sud'ba. Moskva 1986.
- Lempa, Stephanie: Vsevolod Michajlovič Garšin (1855-1888). Leben und Werk im Kontext philosophischer und religiöser Strömungen in Rußland. Frankfurt am Main 2003.

- MacLaughlin, Sigrid: Schopenhauer in Russland. Zur literarischen Rezeption bei Turgenev. (= Opera Slavica, Bd. 3), Wiesbaden 1984.
- Perteck, David: Ideenlehre und Willensmetaphysik. Philosophische Untersuchungen zu Platon und Schopenhauer. Hamburg 2010.
- Petersen: Jürgen H.: Fiktionalität und Ästhetik. Eine Philosophie der Dichtung. Berlin 1996.
- Platon: Der Staat. (Die Übersetzung folgt der Ausg. Platons Staat. Aus dem Griech. von Otto Apelt. 5. Aufl. Leipzig: Felix Meiner 1920. Der philosophischen Bibliothek Bd. 80.), Köln 2010.
- Platon: Die großen Dialoge. Erw. Neuausg. (Die Übersetzung folgt der Ausg. Platons sämtliche Werke in zwei Bänden. 1.Bd. von Friedrich Schleiermacher, Wien 1925), Köln 2013.
- Porudominskij, Vl.: Garšin. Moskva 1962.
- Rousseau, Jean-Jacques: Émile oder Über die Erziehung. Köln 2010.
- Safranski, Rüdiger (Hrsg.): Arthur Schopenhauer. Das große Lesebuch. Frankfurt am Main 2010.
- Scarano, Nico: Motivation. In: Marcus Dürwell, Christoph Hübenthal, Micha H. Werner (Hrsg.): Handbuch Ethik. 3., aktualis. Aufl. Stuttgart 2011, S. 448-453.
- Schmid, Wolf: Elemente der Narratologie. 3., erw. und überarb. Aufl. Berlin, Boston 2014.
- Schön, Luise: Die dichterische Symbolik V. M. Garšins. München 1978.
- Steenblock, Volker: Praktische Philosophie/Ethik. Ein Studienbuch. 3., überarb. Aufl. Berlin 2007.
- Stenborg, Lennart: Die Zeit als strukturelles Element im literarischen Werk. (mit Illustrationen aus der Novellistik V. M. Garšins). Uppsala

1975. (= Studia Slavica Upsaliensia, Bd. 16).
- Stender-Petersen, Adolf: Geschichte der russischen Literatur. 5. Aufl. München 1993.
- Voltaire: Candide oder der Optimismus. 2. Aufl. Wiesbaden 2014.
- Zelm, Ellinor: Studien über Vsevolod Garšin. Leipzig 1935.

13.2 Online-Quellen

- Eckermann, Johann Peter: Gespräche mit Goethe in den letzten Jahren seines Lebens. Frankfurt am Main 1981. In: URL: http://gutenberg.spiegel.de/buch/-1912/201 [Stand: 11.10.2015].
- „Dichtung". In: URL: http://woerterbuchnetz.de/DWB/?sigle=DWB&mode=Vernetzung&lemid=GD01920 [Stand: 15.09.2015].
- „Philosophie". In: URL: http://woerterbuchnetz.de/DWB/?sigle=DWB&mode=Vernetzung&lemid=GP04674 [Stand: 15.09.2015].
- Kant, Immanuel: Grundlegung zur Metaphysik der Sitten. Riga 1785. In: URL: http://gutenberg.spiegel.de/buch/grundlegung-zur-methaphysik-dersitten-3510/1 [Stand: 23.10.2015].
- Niemann, Hans-Joachim: Arthur Schopenhauer und sein nicht preis-gekröntes Meister der Ethik. In: URL: http://www.gkpn.de/Niemann_Schopenhauer.pdf [Stand: 23.11.2015].

Literatur und Kultur im mittleren und östlichen Europa

herausgegeben von Reinhard Ibler

ISSN 2195-1497

1   *Elisa-Maria Hiemer*
    Generationenkonflikt und Gedächtnistradierung
    Die Aufarbeitung des Holocaust in der polnischen Erzählprosa des 21. Jahrhunderts
    ISBN 978-3-8382-0394-2

2   *Adam Jarosz*
    Przybyszewski und Japan
    Bezüge und Annäherungen
    Mit einem Vorwort von Hanna Ratuszna und Quellentexten in Erstübertragung
    ISBN 978-3-8382-0436-9

3   *Adam Jarosz*
    Das Todesmotiv im Drama von Stanisław Przybyszewski
    ISBN 978-3-8382-0496-3

4   *Valentina Kaptayn*
    Zwischen Tabu und Trauma
    Kateřina Tučkovás Roman *Vyhnání Gerty Schnirch* im Kontext der tschechischen Literatur über die Vertreibung der Deutschen
    ISBN 978-3-8382-0482-6

5   *Reinhard Ibler (Hg.)*
    Der Holocaust in den mitteleuropäischen
    Literaturen und Kulturen seit 1989
    The Holocaust in the Central European Literatures and Cultures since 1989
    ISBN 978-3-8382-0512-0

6   *Iris Bauer*
    Schreiben über den Holocaust
    Zur literarischen Kommunikation in Marian Pankowskis Erzählung *Nie ma Żydówki*
    ISBN 978-3-8382-0587-8

7   *Olga Zitová*
    Thomas Mann und Ivan Olbracht
    Der Einfluss von Manns Mythoskonzeption auf die karpatoukrainische Prosa des tschechischen Schriftstellers
    ISBN 978-3-8382-0633-2

8   *Trixi Jansen*
    Der Tod und das Mädchen
    Eine Analyse des Paradigmas aus Tod und Weiblichkeit in ausgewählten Erzählungen I.S. Turgenev
    ISBN 978-3-8382-0627-1

9   *Olena Sivuda*
    "Aber plötzlich war mir, als drohe das Haus über mir zusammenzubrechen."
    Komparative Analyse des Heimkehrermotivs in der deutschen und russischen Prosa nach dem Zweiten Weltkrieg
    ISBN 978-3-8382-0779-7

10 *Victoria Oldenburger*
    Keine Menschen, sondern ganz besondere Wesen …
    Die Frau als Objekt unkonventioneller Faszination in Ivan A. Bunins Erzählband *Temnye allei* (1937–1949)
    ISBN 978-3-8382-0777-3

11 *Andrea Meyer-Fraatz, Thomas Schmidt (Hg.)*
    „Ich kann es nicht fassen, dass dies Menschen möglich ist"
    Zur Rolle des Emotionalen in der polnischen Literatur über den Holocaust
    ISBN 978-3-8382-0859-6

12 *Julia Friedmann*
    Von der Gorbimanie zur Putinphobie?
    Ursachen und Folgen medialer Politisierung
    ISBN 978-3-8382-0936-4

13 *Reinhard Ibler (Hg.)*
    Der Holocaust in den mitteleuropäischen Literaturen und Kulturen:
    Probleme der Politisierung und Ästhetisierung
    The Holocaust in the Central European Literatures and Cultures:
    Problems of Poetization and Aestheticization
    ISBN 978-3-8382-0952-4

14 *Alexander Lell*
    Studien zum erzählerischen Schaffen Vsevolod M. Garšins
    Zur Betrachtung des Unrechts in seinen Werken aus der Willensperspektive
    Arthur Schopenhauers
    ISBN 978-3-8382-1042-1

Sie haben die Wahl:
Bestellen Sie die Schriftenreihe
Literatur und Kultur im mittleren und östlichen Europa
einzeln oder im **Abonnement**

per E-Mail: vertrieb@ibidem-verlag.de | per Fax (0511/262 2201)
als Brief (***ibidem***-Verlag | Leuschnerstr. 40 | 30457 Hannover)

Bestellformular

☐ Ich abonniere die Schriftenreihe *Literatur und Kultur im mittleren und östlichen Europa* ab Band # ____

☐ Ich bestelle die folgenden Bände der Schriftenreihe *Literatur und Kultur im mittleren und östlichen Europa*
____; ____; ____; ____; ____; ____; ____; ____; ____; ____

Lieferanschrift:

Vorname, Name ....

Anschrift ....

E-Mail... | Tel.: ....

Datum .... | Unterschrift ....

Ihre Abonnement-Vorteile im Überblick:
- Sie erhalten jedes Buch der Schriftenreihe pünktlich zum Erscheinungstermin – immer aktuell, ohne weitere Bestellung durch Sie.
- Das Abonnement ist jederzeit kündbar.
- Die Lieferung ist innerhalb Deutschlands versandkostenfrei.
- Bei Nichtgefallen können Sie jedes Buch innerhalb von 14 Tagen an uns zurücksenden.

ibidem.eu

www.ingramcontent.com/pod-product-compliance
Lightning Source LLC
Chambersburg PA
CBHW070739230426
43669CB00014B/2515